Pain maison

Cathy Ytak

Pain maison

98 recettes à réaliser en machine à pain

Photographies de Hiroko Mori
Stylisme de Sophie Glasser

MARABOUT

Avant-propos

Faire son pain est une pratique universelle et l'une des plus anciennes. Le pain – aliment roi – nourrit aussi bien l'imaginaire que le corps. Pour peu qu'on y ajoute beurre, sucre et œufs, il se transforme en brioche savoureuse et odorante.

Aujourd'hui, pour faire du « pain maison », il n'est plus nécessaire de passer de longues minutes à pétrir la pâte… puisqu'il existe des machines qui s'en chargent. Ces « machines à pain », déjà couramment utilisées – et depuis assez longtemps – en Grande-Bretagne, en Allemagne, en Suisse et en Belgique, arrivent en force en France, le « pays du bon pain ».

Pour ceux et celles qui sont pressés, plus besoin de mettre « la main à la pâte » ! Il suffit de placer les ingrédients dans la cuve de sa machine, programmer le pain que l'on souhaite obtenir, et c'est tout. Quelques heures plus tard, une bonne odeur de pain chaud chatouille vos narines. Le pain cuit est sorti de la machine, et le tour est joué.

Mais il arrive aussi que l'on ait envie de prendre son temps, pour retrouver le goût du pain façonné « à l'ancienne », en baguette, boule ou couronne. Là encore, les machines à pain répondent présentes, puisque toutes proposent un programme de « pâte seule » qui comprend le pétrissage puis une première levée. Ensuite, rien de plus simple, la pâte est enlevée de la machine, façonnée selon ses désirs, et après une levée traditionnelle, cuite au four.

Les deux méthodes apportent bien des satisfactions, et notre vœu le plus cher est que, après avoir parcouru ce livre et testé les recettes, vous ayez envie, à votre tour, d'en inventer d'autres.

Cathy Ytak

De quoi est fait le pain ?

De farine, d'eau, de levain (ou de levure) et de sel. Tous doivent être de très bonne qualité.

La farine de blé

Si la recette ne le précise pas, il s'agit toujours de farine de froment ou farine de blé. Il en existe de plus ou moins complète.
La farine T 45, très raffinée, est utilisée en viennoiserie. Elle n'est pas indiquée pour faire du pain.
La farine T 55 ou T 65 est la farine blanche classique pour le pain. On trouve la T 65 notamment dans les boutiques de produits biologiques.
La farine T 80 est dite aussi « farine bise ». C'est une farine un peu moins raffinée, qui donne un joli pain « bis ».
La farine dite « complète » commence au n° T 110. On trouve, notamment dans les magasins de produits biologiques, des farines T 130, T 150 et T 170. Plus le chiffre augmente, plus la farine est complète ; plus la proportion de farine complète est importante dans votre pain, moins il lève.
En raison de la concentration des pesticides sur l'enveloppe des grains, il est conseillé, lors de l'utilisation de farines complètes, de choisir des farines biologiques, issues de céréales qui n'ont reçu ni engrais ni pesticides.
Il existe aussi des farines toutes prêtes pour faire du pain. Elles sont pratiques à utiliser, mais la plupart contiennent des additifs.

Les autres farines

On peut séparer les farines en deux grands groupes :
Les farines dites « panifiables » sont des farines qui, comme la farine de blé, contiennent du gluten, indispensable à la levée du pain. Il s'agit des farines d'épeautre, de kamut, etc.
D'autres farines sont dites « non panifiables ». Elles ont très bon goût et peuvent être ajoutées à de la farine panifiable dans une proportion qui ne doit pas excéder 50 % du poids total de farine pour que le pain puisse lever correctement. Il s'agit des farines de seigle, de maïs, de pois chiche, de sarrasin, de chanvre, de châtaigne, etc. Certaines d'entre elles ont un goût puissant, et ne doivent pas dépasser 10 à 15 % du poids total. Plusieurs de ces farines portent également un numéro. Plus il est élevé, plus elles sont complètes.

L'eau

La meilleure eau pour faire son pain est une eau pure ! L'eau du robinet, parfois trop chlorée, peut empêcher le pain de lever correctement. Il peut donc préférable d'utiliser de l'eau filtrée, ou qui a reposé un peu dans un récipient. L'eau de source convient très bien.
D'autres liquides peuvent remplacer l'eau : le lait apporte du moelleux, les jus de fruits ou de légumes apportent goût et couleur...
Tous les liquides doivent être à température ambiante. En hiver, vous pouvez légèrement les faire tiédir avant de les mettre dans votre machine.

Le sel

Il donne du goût au pain mais se révèle également indispensable pour éviter qu'il ne lève trop (et retombe inexorablement à la cuisson). Il doit être le moins raffiné possible. Le sel gris fin de Guérande est idéal. Le gros sel ne doit jamais être utilisé dans les machines, il risquerait de rayer la cuve. Enfin, sel et levure ne doivent pas entrer en contact direct.

La levure, le levain

Quand on parle de levure, pour le pain, il s'agit toujours de levure de boulanger. On trouve la levure fraîche, sous forme de petits cubes, chez le boulanger. On la trouve également sous forme déshydratée, en sachet ou en boîte. Les levures de boulanger de type « Briochin » sont des levures déshydratées « instantanées » ou « suractivées » et sont très simples à utiliser ; il suffit d'en saupoudrer la farine. Les levures « spéciales pain » sont également des levures « instantanées ». Si vous préférez la levure de boulanger non instantanée (elle a besoin d'être réactivée avant utilisation), consultez la notice qui l'accompagne.
La levure chimique ne convient pas (elle ne permet pas au pain de « lever » et ne sert que pour les gâteaux).
Le levain est un mélange de farine et d'eau mis à fermenter. On en trouve aujourd'hui sous forme déshydratée, très simple à utiliser (on le saupoudre sur la farine, tout comme la levure). Il est également appelé « levain fermentescible ».
Alors, levure ou levain ? C'est une question de goût !
La levure permet d'obtenir des pains plus gonflés, au goût plus doux, qui lèvent un peu plus rapidement. Le levain donne un pain plus authentique, plus rustique, qui lève un peu moins vite. Il est plus sain, dans la mesure où il permet la destruction d'un acide contenu dans le son de blé, l'acide phytique, qui peut à la longue s'avérer décalcifiant.

Faire son pain en machine : mode d'emploi

Tout est dans le Th !

Faire son pain à l'aide d'une machine à pain n'a rien de bien sorcier ! Certains renoncent pourtant, faute d'arriver rapidement à des résultats satisfaisants, alors qu'il suffit de mettre les ingrédients dans votre cuve selon l'ordre préconisé par le mode d'emploi de votre machine, et, surtout, de bien doser la proportion farine/eau (le Th, pour « Taux d'hydratation ») – c'est le « couple » essentiel. Trop d'eau : le pain s'effondre à la cuisson ; pas assez : il est trop dense, voire dur.

La proportion d'eau par rapport à la farine varie en fonction des farines utilisées. Certaines « complètes », par exemple, en consomment davantage. D'autres paramètres extérieurs entrent également en comptes tels que le temps humide ou sec, froid ou chaud, l'altitude, etc. Ces variations sont souvent légères, néanmoins elles influent sur la qualité du pain.

Comment vérifier que le taux d'hydratation est correct ?

En soulevant rapidement le couvercle de votre machine en cours de pétrissage, ou en regardant à travers le hublot. Au bout d'une dizaine de minutes de pétrissage, vous devez voir un pâton déjà bien formé (photo n° 1). Dans le cas contraire, si le pâton colle à la paroi et est très mou, il y a trop d'eau (photo n° 2). Rajoutez de la farine par toute petite quantité (10 g), et attendez un peu avant d'en rajouter encore. Si la pâte ne semble pas homogène, paraît se déchirer et ne pas former une belle boule lisse, elle a au contraire besoin d'eau (photo n° 3). Ajoutez-en en toute petite quantité (10 ml par 10 ml).

Le matériel indispensable pour faire son pain en machine

- Avec un système de tare et une précision au gramme près, une petite balance électronique permet de mesurer les ingrédients directement dans la cuve posée sur la balance.

NB : 1 c. c. = 3 g de farine ou de levure et 4 g de sel ;
1 c. s. = 10 g de farine.

- Une spatule souple, pour aider à ce que toute la farine s'intègre correctement dans la pâte au début du pétrissage.
- Un gant pour sortir la cuve de la machine sans se brûler.

Les équivalences levain/levure/levure fraîche

Dans les recettes de ce livre, nous avons utilisé du levain déshydraté pour le pain et de la levure pour la viennoiserie.
Si vous décidez d'utiliser de la levure fraîche ou de la levure déshydratée instantanée, servez-vous des équivalences suivantes :

2 c. c. de levain déshydraté = 1/2 c. c. de levure instantanée = 17 g de levure fraîche.

2,5 c. c. de levain déshydraté = 1 c. c. de levure instantanée = 22 g de levure fraîche.

3,5 c. c. de levain déshydraté = 1,5 c. c. de levure instantanée = 30 g de levure fraîche.

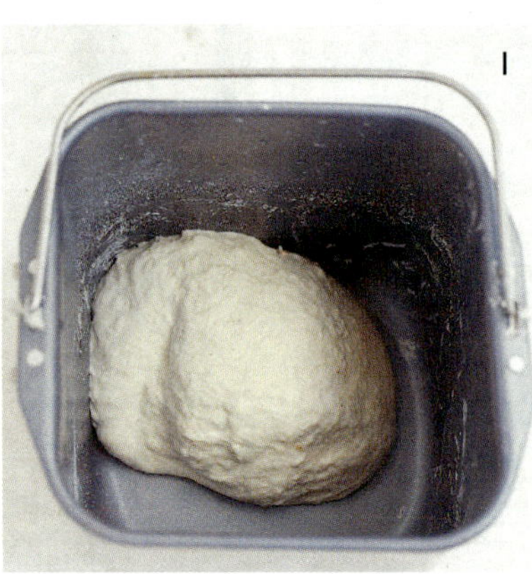

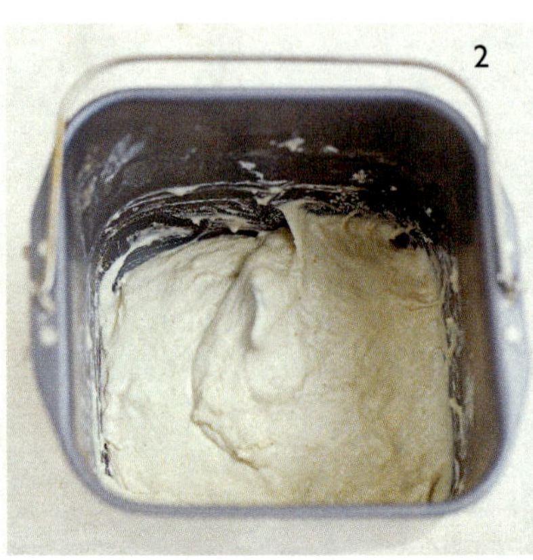

La poolish, une fois prête, « bulle ».

Pour façonner les épis, utilisez une paire de ciseaux et coupez la pâte sur le dessus (et non sur les côtés), sans aller jusqu'au bout. Puis, sans rouvrir les ciseaux, accompagnez la pâte latéralement, alternativement à droite et à gauche.

La poolish

La poolish (appelée également « levain sur levure ») est une technique simple qui permet aux pains et aux brioches de développer leurs arômes. La mie est plus élastique, elle se conserve mieux. Elle permet en outre d'utiliser beaucoup moins de levure ou de levain, et de supprimer le sucre, le lait, les matières grasses qui sont ajoutées pour « donner du goût ». On est, avec cette technique, très proche du pain fait en boulangerie. Le pain se prépare en deux temps (idem pour la brioche mais avec du lait). La veille au soir (ou le matin pour le soir) : mélangez dans un saladier 150 g de farine blanche avec 150 ml d'eau très légèrement tiédie (100 g + 100 ml pour un petit pain). Ajoutez une pincée de levure déshydratée (pas plus) ou 1/2 c. c. de levain déshydraté, et mélangez. Laissez reposer à l'abri des courants d'air toute la nuit, ou toute la journée, sous un torchon. Quand on reprend la pâte, on s'aperçoit qu'elle a augmenté de volume et qu'elle « bulle ». Mettez-la dans la cuve de votre machine à pain et suivez la recette que vous avez choisie.

Brioches et pains cuits au four

Vous pouvez utiliser votre machine pour pétrir et faire lever votre pâton une première fois, puis terminer le façonnage du pain librement et le laisser lever une seconde fois, avant de le faire cuire au four. Il faut pour cela utiliser le programme 12 de votre machine (« pâte à pizza »). Toutes les recettes de ce livre peuvent s'adapter à une cuisson au four avec le façonnage de votre choix.

Le façonnage

- Lorsque vous retirez le pâton de votre machine, il est un peu mou. Farinez bien vos mains et votre plan de travail.
- Pour le façonnage des pains « longs », étalez la pâte jusqu'à former un rectangle. Repliez la pâte en deux en la ramenant vers vous, et soudez les bords avec les doigts. Renouvelez une fois l'opération, et soudez bien les bords avec les doigts. Roulez le pâton un peu afin qu'il prenne une forme cylindrique bien régulière.
- Pour le façonnage des boules, formez une galette aplatie, puis repliez-la par-dessous, jusqu'à l'obtention d'une belle boule.
- L'endroit de « soudure » de la pâte s'appelle la « clef ». Elle doit être dessous si vous faites lever votre pain sur une plaque, et dessus si vous faites lever le pain dans un banneton et que vous « renversez » votre pâton sur une plaque avant de le faire cuire (la clef, lorsque le pain cuit, doit toujours se trouver dessous).

La levée

Une fois façonné, votre pain doit entamer sa seconde levée sous un torchon, à l'abri des courants d'air, sur une plaque ou dans un appelé banneton. Elle dure entre 30 et 60 minutes.

Les incisions

Lorsque votre pain est prêt à être enfourné (s'il a levé en banneton, il faut le retourner sur une plaque), il doit être incisé sur le dessus à l'aide d'une lame de rasoir ou d'un cutter. Les incisions seront faites longitudinalement, à un angle de 30° environ. Elles vont « crever » à la cuisson et permettre au pain de gonfler harmonieusement.

Le « coup de buée »

Juste avant d'enfourner votre pain (dans un four préchauffé à 220 °C pendant 15 minutes, jetez dans la lèchefrite un peu d'eau bouillante et refermez tout de suite la porte du four afin que la buée qui s'est formée reste à l'intérieur. Ce « coup de buée » est le secret d'une croûte bien dorée.

Pain bis

Plus goûteux que le pain blanc (page 12), le pain bis est légèrement plus foncé, mais reste très doux et bien gonflé. Il accompagnera vos repas au quotidien.

Programme 1

Pain de 600 g

210 ml d'eau
350 g de farine bise T 80
2 c. c. de levain déshydraté
1 c. c. de sel
1 c. s. d'huile d'olive (ou de beurre)
1 c. c. de sucre
1 c. c. de jus de citron

Pain de 750 g

270 ml d'eau
450 g de farine bise T 80
2,5 c. c. de levain déshydraté
1,5 c. c. de sel
1 c. s. d'huile d'olive (ou de beurre)
1 c. c. de sucre
1 c. c. de jus de citron

Astuce

Matière grasse et sucre ne sont pas obligatoires, mais ils donnent une jolie croûte dorée au pain. Vous pouvez remplacer l'huile d'olive par du beurre, par exemple. Vous pouvez aussi les supprimer de toutes vos recettes.

Pain blanc

C'est le pain de base, celui que vous devez faire en premier pour apprendre à connaître votre machine.

Programme 1

Pain de 600 g

210 ml d'eau
350 g de farine blanche T 55 ou T 65
2 c. c. de levain déshydraté
1 c. c. de sel
1 c. c. d'huile d'olive (ou de beurre)
1 c. c. de sucre
1 c. c. de jus de citron

Pain de 750 g

270 ml d'eau
450 g de farine blanche T 55 ou T 65
2,5 c. c. de levain déshydraté
1,5 c. c. de sel
1 c. s. d'huile d'olive (ou de beurre)
1 c. c. de sucre
1 c. c. de jus de citron

Variante

Pour donner un pain plus doré, remplacez un peu d'eau par du lait : plus vous mettrez de lait, plus votre pain sera moelleux. Si vous préférez, vous pouvez ajouter du lait en poudre. Dans ce cas, ne modifiez pas la quantité d'eau.

Pain semi-complet

Le pain semi-complet lève moins qu'un pain blanc. Sa mie est plus dense et plus foncée. Il a davantage de goût, mais il plaira à toute la famille.

Programme 3

Pain de 600 g

210 ml d'eau
240 g de farine blanche T 55 ou T 65
110 g de farine complète T 110
2 c. c. de levain déshydraté
1 c. c. de sel
1 c. c. d'huile d'olive (ou beurre)
1 c. c. sucre
1 c. c. de jus de citron

Pain de 750 g

270 ml d'eau
300 g de farine blanche T 55 ou T 65
150 g de farine complète T 110
2,5 c. c. de levain déshydraté
1,5 c. c. de sel
1 c. s. d'huile d'olive (ou de beurre)
1 c. c. de sucre
1 c. c. de jus de citron

Pain de seigle, dit « méteil »

On parle de « méteil » lorsque la proportion de farine de seigle et de farine de blé est de 50/50. Délicieux avec du beurre, ce pain accompagne parfaitement les fruits de mer.

Programme 3

Pain de 600 g

220 ml d'eau
175 g de farine de seigle
175 g de farine blanche T 55 ou T 65
2 c. c. de levain déshydraté
1 c. c. de sel
1 c. c. d'huile d'olive (ou beurre)
1 c. c. de sucre
1 c. c. de jus de citron

Pain de 750 g

280 ml d'eau
225 g de farine blanche T 55 ou T 65
225 g de farine de seigle
2,5 c. c. de levain déshydraté
1,5 c. c. de sel
1 c. s. d'huile d'olive (ou de beurre)
1 c. c. de sucre
1 c. c. de jus de citron

Astuce

Le pain de seigle est un pain qui lève beaucoup moins qu'un pain blanc. Sa mie est sombre et dense. Le pâton est souvent gourmand en eau. Si vous le trouvez trop fort en goût, augmentez la proportion de farine blanche et réduisez celle de seigle.

Pain semi-complet aux trois farines

Un mélange équilibré pour un pain très savoureux qui s'invitera à toutes vos tables.

Programme 4

Pain de 600 g

210 ml d'eau
250 g de farine blanche T 55 ou T 65
50 g de farine de seigle
50 g de farine d'épeautre
2 c. c. de levain déshydraté
1 c. c. de sel
1 c. c. d'huile d'olive (ou beurre)
1 c. c. de sucre
1 c. c. de jus de citron

Pain de 750 g

270 ml d'eau
310 g de farine blanche T 55 ou T 65
70 g de farine de seigle
70 g de farine d'épeautre
2,5 c. c. de levain déshydraté
1,5 c. c. de sel
1 c. s. d'huile d'olive (ou de beurre)
1 c. c. de sucre
1 c. c. de jus de citron

Variante

Vous pouvez utiliser des farines de seigle et d'épeautre plus ou moins complètes. L'épeautre est une très ancienne céréale, elle apporte une saveur particulièrement douce et raffinée au pain. Un bon équilibre : farine de seigle T 110, farine d'épeautre T 70. Si vous n'avez pas de farine de seigle, vous pouvez faire un pain moitié farine blanche, moitié farine d'épeautre.

Pain complet

C'est un pain au goût prononcé, à la mie très dense, qui lève peu. Il se garde bien et il est riche en fibres. Il est très apprécié des végétariens.

Programme 3

Pain de 600 g

210 ml d'eau
240 g de farine bise T 80
110 g de farine complète T 170
2 c. c. de levain déshydraté
1 c. c. de sel
1 c. s. d'huile d'olive (ou de beurre)
1 c. c. de sucre
1 c. c. de jus de citron

Pain de 750 g

270 ml d'eau
300 g de farine bise T 80
150 g de farine complète T 170
2,5 c. c. de levain déshydraté
1,5 c. c. de sel
1 c. s. d'huile d'olive (ou de beurre)
1 c. c. de sucre
1 c. c. de jus de citron

Astuce

Vous avez programmé un pain complet et rien ne bouge ? Pas de panique... La plupart des programmes pour pain complet commencent par une phase de repos, afin de permettre à la farine de s'humecter lentement au contact du liquide.

Variante

La farine T 170 (la plus complète) ne se trouve que dans des magasins de produits biologiques. Il est possible de la remplacer par de la T 130 ou de la T 150, et de varier les proportions de farine bise. Vous obtiendrez alors un pain plus ou moins dense, plus ou moins complet.

Pain « tradition »

Un mélange de farine de blé, de seigle et de semoule de maïs (polenta), pour un joli pain tradition. Il accompagnera tous vos plats principaux.

Programme 3

Pain de 600 g

210 ml d'eau
250 g de farine de blé T 110
50 g de farine de seigle
50 g de semoule de maïs
2 c. c. de levain déshydraté
1 c. c. de sel
1 c. s. d'huile d'olive (ou de beurre)
1 c. c. de sucre
1 c. c. de jus de citron

Pain de 750 g

270 ml d'eau
310 g de farine de blé T 110
70 g de farine de seigle
70 g de semoule de maïs
2,5 c. c. de levain déshydraté
1,5 c. c. de sel
1 c. s. d'huile d'olive (ou de beurre)
1 c. c. de sucre
1 c. c. de jus de citron

Ibly

eurre spéciale pains "Briochain"

farine seigle

farine type 55 - 65 - 80 bise
complète 170.

- jus citron (sucre)

55 pain aux herbes
4 pain complet (bise T80
complète 170)
4 pain rapide (progr. 2)
(lécithine)
14 pain aux légumes
62 pain au blé et noix

Pain au sarrasin

Appelée aussi « blé noir », la farine de sarrasin donne au pain un goût assez corsé.

Programme 1

Pain de 600 g

230 ml d'eau
290 g de farine blanche T 55 ou T 65
60 g de farine de sarrasin (ou « blé noir »)
2 c. c. de levain déshydraté
1 c. c. de sel
1 c. c. d'huile d'olive (ou beurre)
1 c. c. dee sucre
1 c. c. de jus de citron

Pain de 750 g

300 ml d'eau
375 g de farine blanche T 55 ou T 65
75 g de farine de sarrasin (ou « blé noir »)
2,5 c. c. de levain déshydraté
1,5 c. c. de sel
1 c. s. d'huile d'olive (ou de beurre)
1 c. c. de sucre
1 c. c. de jus de citron

Astuces

La farine de sarrasin est gourmande en eau. Vérifiez bien la consistance du pâton.

Le meilleur sel pour le pain est celui qui est peu raffiné, tel le sel gris de Guérande. N'utilisez jamais de gros sel, vous risqueriez de rayer le revêtement de votre cuve.

Pain viennois

Remplacez l'eau par du lait et ajoutez du beurre et du sucre... Vous obtiendrez un pain viennois presque aussi fondant qu'une brioche. Un pur délice pour le petit-déjeuner !

Programme 5

Pain de 600 g

200 ml de lait
350 g de farine blanche T 55 ou T 65
2 c. c. de levain déshydraté
1 petite c. c. de sel
50 g de beurre fondu (mis avec le lait)
35 g de sucre
1 c. c. de jus de citron

Pain de 750 g

250 ml de lait
450 g de farine blanche T 55 ou T 65
2,5 c. c. de levain déshydraté
1 c. c. de sel
70 g de beurre fondu (mis avec le lait)
50 g de sucre
1 c. c. de jus de citron

Astuces

Les pains sucrés dorent assez vite. Il est parfois nécessaire d'arrêter la cuisson 10 ou 15 minutes avant la fin du programme. Attendez quelques heures avant de les manger, ils n'en seront que meilleurs.

Attention, il y a moins d'eau dans cette recette en raison de la présence de beurre. Vérifiez votre pâton. Il doit être assez souple, mais ne pas coller aux parois. Vous pouvez tout à fait soulever le couvercle de votre machine en cours de pétrissage pour vérifier sa tenue. Ensuite, pendant la levée, abstenez-vous ; vous risqueriez de le faire retomber.

Pain à la semoule de blé dur

Les mélanges de farines sont souvent très goûteux. Celui-ci l'est particulièrement, et offre une mie très fine. Ce pain accompagne bien les plats de légumes.

Programme 1

Pain de 600 g

210 ml d'eau
230 g de semoule de blé fine (ou semoule de blé dur)
120 g de farine blanche T 55 ou T 65
2 c. c. de levain déshydraté
1 c. c. de sel
1 c. s. d'huile d'olive (ou de beurre)
1 c. c. de sucre
1 c. c. de jus de citron

Pain de 750 g

270 ml d'eau
300 g de semoule de blé fine
150 g de farine T 55 ou T 65
2,5 c. c. de levain déshydraté
1,5 c. c. de sel
1 c. s. d'huile d'olive (ou de beurre)
1 c. c. de sucre
1 c. c. de jus de citron

Variantes

Vous pouvez remplacer 1/3 de farine blanche de cette recette par de la farine d'épeautre.
Vous pouvez ajouter des graines de tournesol (20 g) au « bip » machine, en fin de pétrissage.

Pain au lait

Un pain bon comme du gâteau, doux et tendre, à la mie délicieusement fine... Parfait pour les petits-déjeuners et le goûter.

Programme 1

Pain de 600 g

210 ml de lait tiède
350 g de farine blanche T 55 ou T 65
2 c. c. de levain déshydraté
1 petite c. c. de sel
10 g de beurre
1 c. c. de sucre
1 c. c. de jus de citron

Pain de 750 g

270 ml de lait tiède
450 g de farine blanche T 55 ou T 65
2,5 c. c. de levain déshydraté
1 c. c. de sel
15 g de beurre
1 c. c. de sucre
1 c. c. de jus de citron

Astuce

Lisez bien le mode d'emploi de votre machine. Le programme « pain rapide » nécessite parfois des liquides légèrement tiédis, un peu plus de levure et un peu moins de sel. Les pains sont souvent plus petits et plus denses. Ils donnent le meilleur de leur goût au bout de cinq ou six heures.

Pain rapide

La plupart les machines à pain proposent un programme « pain blanc rapide ». Vous devez alors utiliser des liquides légèrement tiédis, et diminuer un peu la quantité de sel.

Programme 2

Pain de 600 g

210 ml d'eau
350 g de farine blanche T 55 ou T 65
2 c. c. de levain déshydraté
1 petite c. c. de sel
1 c. s. d'huile d'olive (ou de beurre)
1 c. c. de sucre
1 c. c. de jus de citron
1 c. c. de gluten (facultatif)
1 c. c. de lécithine

Pain de 750 g

270 ml d'eau
450 g de farine blanche T 55 ou T 65
2,5 c. c. de levain déshydraté
1,5 c. c. de sel
1 c. s. d'huile d'olive (ou de beurre)
1 c. c. de sucre
1 c. c. de jus de citron
1 c. c. de gluten (facultatif)
1 c. c. de lécithine

Astuce

On peut « enrichir » ce pain en y ajoutant de la lécithine de soja (en vente en grandes surfaces), et du gluten (dans les magasins diététiques), qui permet au pain de mieux gonfler.
Les farines blanches contiennent naturellement du gluten. Mais certaines personnes y sont allergiques ; rajoutez-en avec parcimonie.

Pain de campagne (mélange tout prêt)

La plupart des grandes marques de farine proposent des mélanges « spécial pain ». Il ne reste qu'à ajouter de la levure. Très pratiques, ces farines sont néanmoins plus chères à l'achat et contiennent souvent des additifs.

Programme 4

Pain de 600 g

210 ml d'eau
350 g de farine spéciale « pain de campagne »
1 c. c. de levure spéciale pain

Pain de 750 g

270 ml d'eau
450 g de farine spéciale « pain de campagne »
1,5 c. c. de levure spéciale pain

Pain multicéréales

On trouve dans le commerce des mélanges de farines appelés « multicéréales ». Seigle, blé, orge, millet, etc. entrent dans leur composition. Ils permettent de faire rapidement des pains au goût très équilibré.

Programme 3

Pain de 600 g

220 ml d'eau
200 g de farine blanche T 55 ou T 65
150 g de farine multicéréales
2 c. c. de levain déshydraté
1 c. c. de sel
1 c. c. d'huile d'olive (ou beurre)
1 c. c. de sucre
1 c. c. de jus de citron

Pain de 750 g

280 ml d'eau
260 g de farine blanche T 55 ou T 65
190 g de farine multicéréales
2,5 c. c. de levain déshydraté
1,5 c. c. de sel
1 c. s. d'huile d'olive (ou de beurre)
1 c. c. de sucre
1 c. c. de jus de citron

Astuce

Les farines multicéréales demandent parfois plus d'eau. Vérifiez la consistance du pâton et rajoutez de l'eau si besoin.

Pain au lait fermenté

Cette recette propose de remplacer une partie de l'eau par du lait fermenté (Kéfir). Cela donne un léger goût acide au pain, renforcé par un peu de farine de seigle.

Programme 1

Pain de 600 g

70 ml de lait fermenté +140 ml d'eau
310 g de farine blanche T 55 ou T 65
40 g de farine de seigle
2 c. c. de levain déshydraté
1 c. c. de sel
1 c. c. d'huile d'olive (ou beurre)
1 c. c. de sucre
1 c. c. de jus de citron

Pain de 750 g

90 ml de lait fermenté + 180 ml d'eau
400 g de farine blanche T 55 ou T 65
50 g de farine de seigle
2,5 c. c. de levain déshydraté
1,5 c. c. de sel
1 c. s. d'huile d'olive (ou de beurre)
1 c. c. de sucre
1 c. c. de jus de citron

Pain de mie

Le pain idéal pour confectionner vos sandwichs !

Programme 1

Pain de 600 g

190 ml d'eau + 20 ml de lait
350 g de farine blanche T 55 ou T 65
2 c. c. de levain déshydraté
1 c. c. de sel
20 g de beurre
15 g de sucre
1 c. c. de jus de citron

Pain de 750 g

240 ml d'eau + 30 ml de lait
450 g de farine blanche T 55 ou T 65
2,5 c. c. de levain déshydraté
1,5 c. c. de sel
30 g de beurre
20 g de sucre
1 c. c. de jus de citron

Pain à la polenta

Appelée « polenta », la semoule de maïs donne un pain très gonflé, et tout jaune.
L'œuf apporte encore plus de moelleux.

Programme 1

Pain de 600 g

150 ml d'eau
300 g de farine blanche T 55 ou T 65
50 g de semoule de maïs (polenta)
+ 1 œuf battu en omelette
2 c. c. de levain déshydraté
1 c. c. de sel
1 c. c. d'huile d'olive (ou beurre)
2 c. c. de sucre
1 c. c. de jus de citron

Pain de 750 g

210 ml d'eau
380 g de farine blanche T 55 ou T 65
70 g de semoule de maïs (polenta)
+ 1 œuf battu en omelette
2,5 c. c. de levain déshydraté
1,5 c. c. de sel
1 c. s. d'huile d'olive (ou beurre)
1 c. s. de sucre
1 c. c. de jus de citron

Astuce

Un œuf moyen pèse environ 60 g. Si vos œufs sont plus petits ou plus gros, réduisez ou augmentez l'eau proportionnellement.

Variante

Vous pouvez ajouter 30 g de graines de tournesol et une pointe de curry pour accentuer la jolie couleur jaune du pain.

Pain

Pain blanc sur poolish

La poolish (appelée également « levain sur levure », voir page 9) est une technique simple qui permet aux pains et aux brioches de développer leurs arômes. La mie est plus élastique, elle se conserve mieux. Elle permet en outre d'utiliser beaucoup moins de levure ou de levain, et de supprimer le sucre, le lait, les matières grasses qui sont ajoutées pour « donner du goût ». On est, avec cette technique, très proche du pain fait en boulangerie.

Programme 1

Pain de 600 g

La veille (ou le matin pour le soir), préparez votre poolish avec :

100 g de farine T 55 mélangée avec 150 ml d'eau
+ 1/4 c. c. de levain déshydraté, ou une pointe de couteau de levure

Le lendemain (ou le soir même, mettez la poolish dans la machine et ajoutez :

110 ml d'eau
250 g de farine blanche T 55 ou T 65
1 c. c. de levain déshydraté (ou 1/2 c. c. de levure)
1 c. c. sel
1 c. c. de jus de citron

Pain de 750 g

La veille (ou le matin pour le soir), préparez votre poolish avec :

150 g de farine T 55 mélangée avec 150 ml d'eau
+ 1/2 c. c. de levain déshydraté (ou une pincée de levure)

Le lendemain (ou le soir même), mettez la poolish dans la machine et ajoutez :

120 ml d'eau
300 g de farine blanche T 55 ou T 65
1,5 c. c. de levain déshydraté (ou 1/2 c. c. de levure)
1,5 c. c. de sel
1 c. c. de jus de citron

Astuce

Si vous voulez adapter cette technique à toutes les recettes de ce livre, il vous suffit de retrancher 150 ml d'eau et 150 g de farine (ou 100 ml + 100 g pour un petit pain) pour préparer votre poolish et de réduire la quantité de levain ou de levure.

Pain au seigle sur poolish

Un pain sur poolish (voir pages 9 et ci-contre) assez rustique et à la mie serrée.

Programme 3

Pain de 600 g

La veille (ou le matin pour le soir), préparez votre poolish avec :
100 g de farine T 80 mélangée avec 100 ml d'eau
+ 1/4 c. c. de levain déshydraté (ou 1 pointe de couteau de levure)

Le lendemain (ou le soir même), mettez la poolish dans la machine et ajoutez :
125 g de farine blanche T 55 ou T 65
125 g de farine de seigle
110 ml d'eau
1 c. c. de levain déshydraté (ou 1/2 c. c. de levure)
1 c. c. de sel
1 c. c. de jus de citron

Pain de 750 g

La veille (ou le matin pour le soir), préparez votre poolish avec :
150 g de farine T 80 mélangée avec 150 ml d'eau
+ 1/2 c. c. de levain déshydraté (ou 1 pincée de levure)

Le lendemain (ou le soir même), mettez la poolish dans la machine et ajoutez :
150 g de farine blanche T 55 ou T 65
150 g de farine de seigle
120 ml d'eau
1,5 c. c. de levain déshydraté (ou 1/2 c. c. de levure)
1,5 c. c. de sel
1 c. c. de jus de citron

Astuce

Lorsqu'il fait chaud, la poolish peut être prête en quelques heures. Vous pouvez aussi jouer sur la quantité de levure ou de levain mis au départ. Plus vous en mettrez, plus votre poolish sera prête rapidement, mais elle sera meilleure si vous en mettez moins et attendez plus longtemps...

Variante

Vous pouvez adapter toutes vos recettes de pains complets et semi-complets avec cette technique de poolish.

Pain noir

Ce pain, inspiré du « pumpernickel » d'origine allemande, réjouira les amateurs de « sensations fortes ». Il est sombre, dense, au goût prononcé. Coupé en tranches très fines, il accompagne à merveille crudités et charcuteries.

Programme 3

Pain de 600 g

200 ml d'eau
210 g de farine bise T 80
80 g de farine de seigle
60 g de farine complète T 110 ou T 150
2 c. c. levain déshydraté
1 c. c. de sel
40 g de mélasse
2 c. s. de graines de carvi
1 c. s. de graines de fenouil
1 c. c. de poudre de café soluble
1,5 c. c. de cacao non sucré en poudre

Pain de 750 g

270 g de farine bise T 80
100 g de farine de seigle
80 g de farine complète T 110 ou T 150
260 ml d'eau
2,5 c. c. levain déshydraté
1,5 c. c. de sel
60 g de mélasse
3 c. s. de graines de carvi
1 c. s. de graines de fenouil
1 c. c. de poudre de café soluble
2 c. c. de cacao non sucré en poudre

Pain aux pruneaux

Un pain très fin, à la mie aérée, à déguster avec du fromage.

Programme 1

Pain de 600 g

190 ml d'eau + 20 ml de lait
230 g de farine T 55 ou T 65
120 g de farine T 110 (dite « complète »)
2 c. c. de levain déshydraté
1 c. c. de sel
15 g de beurre
1 c. c. de sucre roux
6 pruneaux d'Agen dénoyautés et coupés en morceaux

Pain de 750 g

240 ml d'eau + 30 ml de lait
300 g de farine T 55 ou T 65
150 g de farine T 110 (dite « complète »)
2,5 c. c. de levain déshydraté
1,5 c. c. de sel
20 g de beurre
2 c. c. de sucre roux
8 pruneaux d'Agen dénoyautés et coupés en morceaux

Réalisation

Les pruneaux d'Agen doivent être réhydratés avant d'être ajoutés au pâton. Laissez-les gonfler dans du thé tiède, et essorez-les bien avant de les ajouter au « bip » machine.

Variantes

Ajoutez dans le thé 1 c. s. d'alcool fort (armagnac, par exemple).

Rajoutez quelques noix avant la fin du pétrissage.

Pain au müesli

Un beau pain pour des petits-déjeuners roboratifs, particulièrement indiqué pour les sportifs, les adolescents... et les gourmands !

Programme 3

Pain de 600 g

210 ml de liquide (50 % lait, 50% eau)
210 g de farine bise T 80
40 g de farine de seigle
2 c. c. de levain déshydraté
1 c. c. de sel
10 g de beurre
15 g de miel (ou 10 g de mélasse)
80 g de müesli
30 g de figues séchées (environ 4 figues)
15 g d'abricots sec. s. (2 ou 3 abricots sec. s.)

Pain de 750 g

270 ml de liquide (50 % lait, 50 % eau)
270 g de farine bise T 80
50 g de farine de seigle
2,5 c. c. de levain déshydraté
1,5 c. c. de sel
15 g de beurre
20 g de miel (ou 10 g de mélasse)
100 g de müesli
40 g de figues séchées (environ 4 figues)
20 g d'abricots secs (2 ou 3 abricots secs)

Réalisation

Mettez à tremper dans la cuve le müesli et les fruits secs dans le liquide tiède quelques minutes avant d'ajouter la farine, afin qu'ils se ramollissent un peu.

Variantes

La mélasse donne un goût fort à ce pain. Si vous n'aimez pas, prenez du miel à la place, plus doux.Si vous préférez retrouver des morceaux de fruits secs dans votre pain, ajoutez-les au « bip » machine et non au début.

Pain aux pommes, noix de coco et raisins

C'est un pain pour le goûter des enfants ou pour le petit-déjeuner, avec un bon équilibre entre le goût de la pomme et celui de la noix de coco.

Programme 1

PAIN DE 600 G

80 ml de lait + 120 ml d'eau
350 g de farine T 80
50 g de pomme fruit râpée
2 c. c. de levain
1 c. c. de sel
10 g de beurre
1 c. s. de sucre roux (ou cassonade)
10 g de graines de pavot
25 g de noix de coco râpée
30 g de raisins sec. s.
1 c. c. de citron

PAIN DE 750 G

100 ml de lait + 160 ml d'eau
450 g de farine T 80
60 g de pomme fruit râpée
2,5 c. c. de levain
1,5 c. c. de sel
15 g de beurre
1 c. s. de sucre roux (ou cassonade)
10 g de graines de pavot
30 g de noix de coco râpée
40 g de raisins secs
1 c. c. de jus de citron

RÉALISATION

Ajoutez la pomme râpée avec le liquide légèrement tiédi. Ajoutez pavot et noix de coco avec la farine. Ajoutez les raisins au « bip » machine (en fin de pétrissage).

Pain petit-déjeuner aux fruits secs

C'est un pain dense et sombre, qui lève peu. Il est parfait pour le petit-déjeuner des sportifs, des enfants, et des gourmands. Il se prête à de nombreuses variantes.

Programme 3

Pain de 600 g

190 ml d'eau + 20 ml de lait
265 g de farine bise T 80
60 g de farine de seigle
25 g de farine de châtaignes
2 c. c. de levain déshydraté
1 c. c. de sel
10 g de beurre
1 c. c. de sucre roux
15 g de noisettes/amandes/raisins
3 c. s. de flocons cinq céréales (ou müesli)

Pain de 750 g

240 ml d'eau + 30 ml de lait
340 g de farine bise T 80
80 g de farine de seigle
30 g de farine de châtaignes
2,5 c. c. de levain déshydraté
1,5 c. c. de sel
15 g de beurre
2 c. c. de sucre roux
20 g de noisettes/amandes/raisins
4 c. s. de flocons cinq céréales (ou müesli)

Réalisation

Les flocons cinq céréales et les fruits secs sont ajoutés au « bip » machine, en fin de pétrissage.

Variante

Pour ce pain énergétique, on peut utiliser les mélanges de fruits secs « apéritif » tout prêt, mais sans cacahuètes (qui donnent de l'amertume au pain).

Pain à la banane et au gingembre

Un pain au bon goût de banane, rehaussé du piquant du gingembre. Tonique et savoureux pour le petit-déjeuner ou le goûter.

Programme 1

Pain de 600 g

50 ml d'eau + 120 ml de lait
275 g de farine T 80
2 c. c. de levain
1 c. c. de sel
2 c. c. de sucre roux
100 g de bananes très mûres + 40 g de farine T 55
1 c. c. de gingembre (frais râpé ou surgelé)
1 c. c. de gluten (facultatif)
1 c. c. de jus de citron

Pain de 750 g

60 ml d'eau + 150 ml de lait
350 g de farine T 80
2,5 c. c. de levain
1,5 c. c. de sel
3 c. c. de sucre roux
120 g de bananes très mûres + 50 g de farine T 55
1 c. c. de gingembre (frais râpé ou surgelé)
1 c. c. de gluten (facultatif)
1 c. c. de jus de citron

Réalisation

Au « bip », avant la fin du pétrissage, ajoutez les bananes coupées en rondelles et la farine T 55, puis le gingembre.

Astuce

Les bananes « fondent » dans le pâton et le rendent assez collant. Nettoyez les parois avec une spatule pour un bon mélange.

Variante

Pour renforcer encore le goût du gingembre, vous pouvez ajouter entre 10 et 20 g de gingembre confit en fin de pétrissage.

banane
ginger

Pain aux figues

Un pain subtil dont le goût est délicatement rehaussé par la farine de seigle et les noisettes, à servir en entrée sur des charcuteries ou en compagnie de petits fromages de chèvre frais.

Programme 1

Pain de 600 g

210 ml d'eau
300 g de farine T 65
50 g de farine de seigle
2 c. c. de levain déshydraté
1 c. c. de sel
1 c. s. d'huile d'olive ou d'huile d'olive de noix
1 c. c. de sucre
50 g de figues sèches
15 g de noisettes

Pain de 750 g

270 ml d'eau
390 g de farine T 65
60 g de farine de seigle
2,5 c. c. de levain déshydraté
1,5 c. c. de sel
1 c. s. d'huile d'olive ou d'huile de noix
2 c. c. de sucre
70 g de figues sèches
20 g de noisettes

Réalisation

Ajoutez les figues coupées en morceaux et les noisettes au « bip » machine en fin de pétrissage.

Pain au miel et à l'orange

Un pain orange et doux, légèrement brioché, parfait pour les petits-déjeuners raffinés.

Programme 1

Pain de 600 g

210 ml (50 % eau, 50 % jus d'orange)
350 g de farine T 55 ou T 65
2 c. c. de levain déshydraté
1 c. c. de sel
25 g de beurre fondu (mis dans le liquide)
30 g de miel
15 g d'écorces d'orange confites
1 c. c. de jus de citron

Pain de 750 g

270 ml (50 % eau, 50 % jus d'orange)
450 g de farine T 55 ou T 65
2,5 c. c. de levain déshydraté
1,5 c. c. de sel
30 g de beurre fondu (mis dans le liquide)
40 g de miel
20 g d'écorces d'orange confites
1 c. c. de jus de citron

Réalisation

Ajoutez les écorces d'oranges confites au « bip » machine, en fin de pétrissage.

Astuce

Il existe de l'« écorce d'orange » en poudre (dans les boutiques de produits biologiques). Vous pouvez en ajouter 1 c. c. pour renforcer encore le goût de votre pain.

Pain à la pomme et au son

Un joli pain moelleux, au goût très légèrement sucré, parfait pour le petit-déjeuner et pour tous ceux qui ont besoin d'ajouter des fibres dans leur alimentation.

Programme 1

Pain de 600 g

190 ml d'eau + 20 ml de lait
160 g de farine T 55 ou T 65
160 g de farine T 80
20 g de son de blé
2 c. c. de levain déshydraté
1 c. c. de sel
1/2 pomme fruit en cube
10 g de raisins sec. s.
1 pincée de cannelle
1 c. s. de gluten
1 c. c. de citron

Pain de 750 g

240 ml d'eau + 30 ml de lait
200 g de farine T 55 ou T 65
210 g de farine T 80
25 g de son de blé
2,5 c. c. de levain déshydraté
1,5 c. c. de sel
1/2 pomme fruit en cubes
15 g de raisins secs
1 pincée de cannelle
1 c. s. de gluten (facultatif)
1 c. c. de jus de citron

Réalisation

Ajoutez les pommes et les raisins en fin de pétrissage pour qu'il reste des morceaux.

Astuce

Le son est particulièrement indiqué pour stimuler les intestins paresseux.

Variante

Vous pouvez ajouter d'autres fruits secs (abricots, dattes, figues) et plus de pommes.

Pain sans gluten

Certaines personnes sont allergiques au gluten et ne peuvent consommer que des aliments qui en sont dépourvus. Il existe pour elles des farines dites « sans gluten » (à base de farine de riz et d'amidon de maïs.) Ces farines spéciales s'achètent en pharmacie. Il n'y a pas de recette précise pour ce type de pain. Tout dépend de la marque de farine que vous achetez. Conformez-vous aux indications données sur le paquet et suivez-les soigneusement. Attention aux « contaminations croisées ». Nettoyez soigneusement votre machine afin d'y ôter tout résidu de farine contenant du gluten.

Programme 1

Pour 500 g de farine spéciale

1 c. s. d'huile d'olive

15 g de levure fraîche (ou 1 sachet de levure instantanée)

L'eau doit être calculée selon les indications du fabricant de votre farine sans gluten. Il existe des différences importantes d'une marque à l'autre.

Astuces

Si vous ne consommez pas ce pain dans les 48 heures, coupez-le en tranches et congelez-le.

Le pâton obtenu est très collant. Raclez bien les parois de votre cuve en cours de pétrissage, à l'aide d'une spatule en plastique souple.

Si votre machine vous permet de choisir entre plusieurs couleurs de croûte, optez pour la plus foncée. Le pain sans gluten dore très peu.

Pain aux légumes de printemps

C'est un pain pour fêter l'arrivée des beaux jours. On peut le servir en apéritif, avec de la tapenade ou un caviar d'aubergine.

Programme 1

Pain de 600 g

190 ml d'eau
200 g de farine T 65
150 g de farine T 80
2 c. c. de levain déshydraté
1 c. c. de sel
1 c. s. d'huile d'olive
1 c. c. de sucre
40 g de poivrons rouges et verts crus coupés en dés
40 g de courgette crue coupée en dés
1 c. c. de jus de citron

Pain de 750 g

240 ml d'eau
250 g de farine T 65
200 g de farine T 80
2,5 c. c. de levain déshydraté
1,5 c. c. de sel
1 c. s. d'huile d'olive
1 c. c. de sucre
50 g de poivrons rouges et verts crus coupés en dés
50 g de courgette crue coupée en dés
1 c. c. de jus de citron

Réalisation

Mettez les poivrons dès le début du pétrissage. Ajoutez la courgette à la fin du pétrissage, au « bip » machine. Les légumes étant plus ou moins gorgés d'eau, vérifiez bien l'état de votre pâton.

Variantes

Vous pouvez remplacer 100 g de farine T 80 par de la farine d'épeautre pour relever le goût du pain.

La farine d'épeautre peut également, comme la farine de blé, être plus ou moins complète (T 70, T 110, T 130, etc.).

Pain au kamut et aux noisettes

Le kamut est aussi appelé « blé des pharaons ». Une céréale très ancienne, dont le goût particulièrement fin est souligné, dans ce pain, par la saveur des noisettes. La farine de kamut se trouve facilement dans les magasins de produits biologiques.

Programme 1

Pain de 600 g

210 ml d'eau
270 g de farine T 55 ou T 65
80 g de farine de kamut
2 c. c. de levain déshydraté
1 c. c. de sel
1 c. s. d'huile d'olive (ou de beurre)
1 c. c. de sucre
25 g de noisettes
1 c. c. de jus de citron

Pain de 750 g

270 ml d'eau
350 g de farine T 55 ou T 65
100 g de farine de kamut
2,5 c. c. de levain déshydraté
1,5 c. c. de sel
1 c. s. d'huile d'olive (ou de beurre)
1 c. c. de sucre
30 g de noisettes
1 c. c. de jus de citron

Réalisation

Ajoutez les noisettes entières en fin de pétrissage au « bip » machine.

Pain au potiron

Un joli pain orange, tout gonflé, pour réchauffer vos hivers, avec un goût subtil que même ceux qui n'aiment pas le potiron apprécieront ! Des petits croûtons grillés de ce pain accompagneront vos soupes et potages.

Programme 1

Pain de 600 g

190 ml de potiron réduit en purée
250 g de farine T 55 ou T 65
100 g de farine T 80
2 c. c. de levain déshydraté
1 c. c. de sel
1 c. c. d'huile d'olive
1 c. c. de sucre
1 c. c. de citron

Pain de 750 g

240 ml de potiron réduit en purée
330 g de farine T 55 ou T 65
120 g de farine T 80
2,5 c. c. de levain déshydraté
1,5 c. c. de sel
1 c. s. d'huile d'olive
1,5 c. c. de sucre roux
1 c. c. de jus de citron

Réalisation

Coupez le potiron en morceaux, faites-le cuire (à l'eau ou à la vapeur) et réduisez-le en purée. Si votre potiron est très cuit, vous n'avez même pas besoin de l'écraser. Mettez-le dans votre cuve à la place de l'eau. Au début, le pâton est assez sec, il se détend petit à petit. Surveillez-le attentivement et ne remettez pas d'eau trop tôt !

Astuce

Enrichissez votre pain avec un œuf (n'oubliez pas alors de retrancher son poids du total des liquides). Il sera encore plus moelleux et plus gonflé, mais il séchera aussi plus rapidement.

Variante

Vous pouvez ajouter des graines de tournesol, qui se marient très bien avec la saveur douce du potiron.

Pain à l'ail et à l'huile d'olive

Un pain assez relevé qui accompagnera fort bien entrées et poissons grillés.

Programme 1

Pain de 600 g

200 ml d'eau
270 g de farine de blé T 65
80 g de farine d'épeautre T 70
2 c. c. de levain déshydraté
1 c. c. de sel
2 c. s. d'huile d'olive
1 c. c. de sucre
2 gousses d'ail hachées
1 c. c. de jus de citron

Pain de 750 g

250 ml d'eau
350 g de farine de blé T 65
100 g de farine d'épeautre T 70
2,5 c. c. de levain déshydraté
1,5 c. c. de sel
3 c. s. d'huile d'olive
1 c. c. de sucre
3 gousses d'ail hachées
1 c. c. de jus de citron

Réalisation

Ajoutez l'huile avec la farine.

Astuce

Pain un peu sec ? Imitez les Catalans et leur célèbre « pa amb tomaquet » (pain et tomate). Frottez une tranche de pain un peu sec avec la pulpe d'une tomate, ajoutez un filet d'huile d'olive et une pincée de sel. Dégustez à toute heure de la journée !

Variante

Il existe des huiles d'olive parfumées à l'ail, au citron ou au basilic. Elles donnent d'excellents résultats dans le pain, et relèvent encore le goût. Vous pouvez aussi utiliser des huiles pimentées, mais avec parcimonie !

Pain à la pomme de terre et à l'ail

Un pain tout gonflé, très savoureux, au très léger goût d'ail. Excellent avec du beurre salé, il accompagne parfaitement les poissons cuits à la vapeur.

Programme 1

Pain de 600 g

220 ml d'eau
350 g de farine T 55 ou T 65
30 g de purée en flocon
2 c. c. de levain déshydraté
1 c. c. de sel
1 c. c. d'huile d'olive à l'ail
1 c. c. sucre
1 pincée de noix de muscade
1 c. c. de jus de citron

Pain de 750 g

280 ml d'eau
450 g de farine T 55 ou T 65
40 g de purée en flocon
2,5 c. c. de levain
1,5 c. c. de sel
1 c. s. d'huile d'olive à l'ail
1 c. c. sucre
1 pincée de noix de muscade
1 c. c. de jus de citron

Réalisation

Mettez les flocons de purée directement avec la farine. Vérifiez votre pâton. Les flocons de purée absorbent plus ou moins d'eau.

Variantes

Si vous n'aimez pas le goût de l'ail, choisissez une huile d'olive neutre, ou remplacez-la par du beurre.

Vous pouvez aussi faire cette recette avec de la purée « faite maison ».

Pain au lait aux carottes, raisins et noix de coco

Ce pain délicieux peut aussi bien être servi au goûter ou au petit-déjeuner qu'en accompagnement d'un plat sucré-salé.

Programme 5

Pain de 600 g

180 ml de lait tiède
270 g de farine T 55 ou T 65
80 g de farine T 150
2 c. c. de levain déshydraté
1 c. c. de sel
1 c. c. de beurre
1 c. c. de sucre roux
80 g de carottes râpées crues
30 g de raisins secs ajoutés au « bip » machine
30 g de noix de coco râpée ajoutés au « bip » machine
1 c. c. de jus de citron

Pain de 750 g

230 ml de lait tiède
350 g de farine T 55 ou T 65
100 g de farine T 150
2,5 c. c. de levain déshydraté
1,5 c. c. de sel
1 c. c. de beurre
1 c. c. de sucre roux
100 g de carottes râpées crues
40 g de raisins secs ajoutés au « bip » machine
40 g de noix de coco râpée ajoutés au « bip » machine
1 c. c. de jus de citron

Variante

Si vous voulez faire un pain pour le goûter, augmentez un peu la quantité de sucre et ajoutez une pincée de cannelle.

Pain à la semoule et à la cardamome

Une jolie mie fine pour un pain tout doux, qui accompagnera à merveille currys et plats épicés.

Programme 1

Pain de 600 g

210 ml d'eau
200 g de farine T 55 ou T 65
150 g de semoule de blé dur fine
2 c. c. de levain déshydraté
1 c. c. de sel
1 c. s. d'huile d'olive ou beurre
1 c. s. de sucre roux
1 c. c. de cardamome en poudre + les graines de 5 cosses
1 c. c. de citron

Pain de 750 g

250 g de farine T 55 ou T 65
200 g de semoule de blé dur fine
270 ml d'eau
2,5 c. c. de levain déshydraté
1,5 c. c. de sel
1 c. s. d'huile d'olive (ou de beurre)
1 c. s. de sucre roux
1 c. c. de cardamome en poudre + les graines de 5 cosses
1 c. c. de jus de citron

Variante

Remplacez la cardamome par du fenouil en grains ou de l'anis en grains.

Pain complet aux pois chiches

Un pain original pour accompagner salades méditerranéennes ou poissons grillés.

Programme 3

Pain de 600 g

210 ml d'eau
80 g de farine complète T 130 ou T 150
260 g de farine bise T 80
10 g de farine de pois chiches
2 c. c. de levain
1 c. c. de sel
1 c. s. d'huile d'olive
1 c. c. de sucre roux
60 g de pois chiches cuits, entiers (sans la peau)
1 pincée de cumin en poudre
1 pincée de coriandre en poudre
1 pincée de curcuma
1 c. c. de citron

Pain de 750 g

100 g de farine complète T 130 ou T 150
340 g de farine bise T 80
10 g de farine de pois chiches
270 ml d'eau
2,5 c. c. de levain
1,5 c. c. de sel
1 c. s. huile d'olive
1,5 c. c. de sucre roux
80 g de pois chiches cuits (sans la peau)
1 pincée de cumin en poudre
1 pincée de coriandre en poudre
1 pincée de curcuma
1 c. c. de jus de citron

Réalisation

Ajoutez les pois chiches au « bip » machine en fin de pétrissage.

Pain français aux herbes

Un pain qui gonfle bien, au goût subtil d'aromates. Parfait avec du fromage frais ou des salades estivales.

Programme 1

Pain de 600 g

210 ml d'eau
350 g de farine blanche T 55 ou T65
2 c. c. de levain déshydraté
1 c. c. de sel
1 c. c. d'huile d'olive (ou beurre)
1 c. c. de sucre
1 c. c. de jus de citron
1 pincée de noix de muscade
1 c. c. de persil, ciboulette, basilic, sauge, etc.

Pain de 750 g

450 g de farine blanche T 55 ou T 65
270 ml d'eau
2,5 c. c. de levain déshydraté
1,5 c. c. de sel
1 c. s. d'huile d'olive (ou de beurre)
1 c. c. de sucre
1 c. c. de jus de citron
1 pincée de noix de muscade
1,5 c. c. de persil, ciboulette, basilic, sauge, etc.

Réalisation

Ajoutez les herbes aromatiques au « bip » en fin de pétrissage. Vous pouvez varier les quantités et les variétés.

Variante

Remplacez une partie du liquide par un yaourt. Il apportera au pain un léger goût acide, très agréable, et un surplus de moelleux.

Pain à la farine de maïs

Ne confondez pas la farine de maïs et la semoule de maïs (appelée aussi « polenta »). Ce pain, traditionnel au Portugal, est bon comme du gâteau et se déguste aussi bien pendant les repas qu'au petit-déjeuner.

Programme 1

Pain de 600 g

210 ml d'eau
150 g de farine de maïs
200 g de farine T 55 ou T 65
2 c. c. de levain déshydraté
1 c. c. de sel
1 c. s. d'huile d'olive
1 c. s. de sucre roux
1 c. c. de jus de citron

Pain de 750 g

200 g de farine de maïs
250 g de farine T 55 ou T 65
270 ml d'eau
2,5 c. c. de levain déshydraté
1,5 c. c. de sel
1 c. s. d'huile d'olive
1 c. s. de sucre roux
1 c. c. de jus de citron

Réalisation

En début de pétrissage, le pâton est presque friable et assez sec. Il doit se former en belle boule lisse un peu plus tard.

Variante

Quelques minutes avant la cuisson de votre pain, badigeonnez le dessus délicatement avec de l'eau, puis saupoudrez de polenta.

Pain au curry

Un pain rehaussé de curry et de graines de tournesol, qui accompagnera les plats relevés comme les colombos.

Programme 1

Pain de 600 g

210 ml d'eau
350 g de farine T 55 ou T 65
2 c. c. de levain
1 c. c. de sel
1 c. c. d'huile d'olive
1 c. c. de sucre
1 c. c. de pâte de curry ou de poudre de curry
20 g de graines de tournesol
1 c. c. de jus de citron

Pain de 750 g

270 ml d'eau
450 g de farine T 55 ou T 65
2,5 c. c. de levain
1,5 c. c. de sel
1 c. s. d'huile d'olive
1 c. c. de sucre
1 c. c. de pâte de curry ou de poudre de curry
30 g de graines de tournesol
1 c. c. de jus de citron

Réalisation

Ajoutez les graines de tournesol au « bip » machine. Vous pouvez corser votre pain, si vous aimez les saveurs fortes, en ajustant la quantité ou la force de la pâte de curry.

Variante

Pour un pain plus complet, remplacez 100 g de farine T 65 par 100 g de farine T 80 ou T 110.

Pain au seigle, à la pomme de terre et au potiron

Un pain dont les liquides ont été remplacés par une purée de pommes de terre et de potiron. Un pain hivernal, à la jolie couleur orange et au bon goût de seigle.

Programme 3

Pain de 600 g

210 ml de purée (assez liquide) de pommes de terre et de potiron
160 g de farine T 80
160 g de farine T 110
30 g de farine de seigle
2 c. c. de levain
1 c. c. de sel
1 c. s. d'huile d'olive
2 c. c. de sucre roux
1 c. c. de jus de citron

Pain de 750 g

270 ml de purée (assez liquide) de pommes de terre et potiron
200 g de farine T 80
200 g de farine T 110
50 g de farine de seigle
2,5 c. c. de levain
1,5 c. c. de sel
1 c. s. d'huile d'olive
1 c. s. sucre roux
1 c. c. de jus de citron

Réalisation

Vérifiez soigneusement votre pâton, afin qu'il ne soit ni trop sec, ni trop mou.

Variante

Vous pouvez utiliser toutes sortes de soupes ou de purées (assez liquides) pour faire ce pain. Si vous utilisez de la soupe en brique, réduisez le sel. Ces soupes sont déjà très salées.

Pain à la farine de châtaigne

Un pain dense et sombre, au délicieux goût de châtaigne. Il ne « lève » pas beaucoup, en raison de la présence de la farine de châtaignes.

Programme 3

Pain de 600 g

210 ml d'eau
300 g de farine T 80
50 g de farine de châtaignes
2 c. c. de levain déshydraté
1 c. c. de sel
1 c. c. d'huile d'olive (ou beurre)
1 c. c. de sucre
1 c. c. de jus de citron

Pain de 750 g

270 ml d'eau
380 g de farine T 80
70 g de farine de châtaignes
2,5 c. c. de levain déshydraté
1,5 c. c. de sel
1 c. s. d'huile d'olive (ou de beurre)
1 c. c. de sucre
1 c. c. de jus de citron

Variante

Pour rendre ce pain plus moelleux, remplacez environ 60 ml de liquide par un œuf battu en omelette, et panachez votre eau avec du lait.

Pain à la farine de lentilles vertes

C'est un pain au goût très fin, pour une farine assez rare, que l'on trouve presque exclusivement dans les magasins de produits biologiques.

Programme 1

Pain de 600 g

270 g de farine T 55 (ou T 65)
40 g de farine T 130 (ou T 150)
40 g de farine de lentilles verte
230 ml d'eau
2 c. c. de levain déshydraté
1 c. c. de sel
1 c. s. d'huile d'olive
1 c. s. de sucre roux
1 c. c. de jus de citron

Pain de 750 g

350 g de farine T 55 ou T 65
50 g de farine T 130 ou T 150
50 g de farine de lentilles
300 ml d'eau
2,5 c. c. de levain déshydraté
1,5 c. c. de sel
1 c. s. d'huile d'olive
1 c. s. de sucre roux
1 c. c. de jus de citron

Variantes

Cette recette peut se décliner avec d'autres types de farine : pois chiches, maïs, sarrasin, châtaignes, millet, riz, etc. Ces farines ont en commun de ne pas contenir de gluten et ne doivent entrer dans la composition du pain qu'en petite quantité si l'on veut que le pain lève correctement.

Vous pouvez ajouter des noisettes ou des graines de tournesol en fin de pétrissage.

Pain aux noix et bleu d'Auvergne

Un pain au fromage qui accompagnera parfaitement une salade, ou pourra être servi à l'apéritif, coupés en morceaux.

Programme 1

Pain de 600 g

210 ml d'eau
300 g de farine de blé T 55 ou T 65
50 g de farine de seigle
2 c. c. de levain déshydraté
1 c. c. de sel
1 c. c. d'huile d'olive (ou beurre)
1 c. c. de sucre
40 g de bleu d'Auvergne en dés
25 g de noix
1 c. c. de jus de citron

Pain de 750 g

270 ml d'eau
380 g de farine T 55 ou T 65
70 g de farine de seigle
2,5 c. c. de levain déshydraté
1,5 c. c. de sel
1 c. s. d'huile d'olive (ou de beurre)
1 c. c. de sucre
50 g de bleu d'Auvergne en dés
30 g de noix
1 c. c. de jus de citron

Astuce

Vérifiez votre pâton. S'il est trop mou, ajoutez un peu de farine blanche (par 10 g).

Variante

Remplacez le bleu par du roquefort ou par tout autre fromage à pâte persillée.

Pain aux sardines

Un pain surprenant qui accompagnera savoureusement vos pique-niques de l'été.

Programme 1

Pain de 600 g

210 ml d'eau
240 g de farine blanche (T 55 ou T 65)
110 g de farine bise (T 80)
2 c. c. levain déshydraté
1 c. c. sel
1 c. c. sucre
40 g de sardines à l'huile
1 c. c. de jus de citron

Pain de 750 g

270 ml d'eau
300 g de farine T 55 ou T 65
150 g de farine bise T 80
2,5 c. c. levain déshydraté
1,5 c. c. sel
1 c. c. sucre
50 g de sardines à l'huile
1 c. c. de jus de citron

Réalisation

Mettez les sardines à l'huile entières, peaux et arêtes comprises, sans les écraser, directement avec l'eau.

Astuce

Une pomme de terre écrasée ou 2 cuillères à soupe de fécule de pomme de terre dans votre pain le rendra plus doux.

Pain à la farine de chanvre

Ce surprenant et savoureux pain à la jolie couleur et au fin goût de noisette se garde longtemps. La farine de chanvre, que l'on peut trouver dans les boutiques de produits bio, ne contient évidemment aucun psychotrope et est en vente parfaitement libre !

Programme 1

Pain de 600 g

230 ml d'eau
270 g de farine T 55 ou T 65
40 g de farine T 130 ou T 150
40 g de farine de chanvre
2 c. c. de levain déshydraté
1 c. c. de sel
1 c. s. d'huile d'olive
1 c. s. de sucre roux
1 c. c. de jus de citron

Pain de 750 g

300 ml d'eau
350 g de farine T 55 ou T 65
50 g de farine T 130 ou T 150
50 g de farine de chanvre
2,5 c. c. de levain déshydraté
1,5 c. c. de sel
1 c. s. d'huile d'olive
1 c. s. de sucre roux
1 c. c. de jus de citron

Variante

Pour les amateurs de pains au goût corsé, vous pouvez augmenter le pourcentage de farine de chanvre à 25 % du poids total de farine. Le pain devient alors brun foncé et sa mie est plus serrée.

Pain aux fromage fondu, cumin et sésame

Un pain très doux, au léger goût de cumin. Il s'invitera avec bonheur lors de vos pique-niques et buffets.

Programme 1

Pain de 600 g

185 ml d'eau
350 g de farine bise T 80
50 g de fromage fondu
2 c. c. de levain déshydraté
1 c. c. de sel
1 c. c. d'huile d'olive (ou beurre)
1 c. c. de sucre
1/2 c. c. de cumin (ou de graines de carvi)
10 g de graines de sésame
1 c. c. de jus de citron

Pain de 750 g

240 ml d'eau
450 g de farine bise T 80
60 g de fromage fondu
2,5 c. c. de levain déshydraté
1,5 c. c. de sel
1 c. s. d'huile d'olive (ou de beurre)
1 c. c. de sucre
1 c. c. de cumin (ou de graines de carvi)
15 g de graines de sésame
1 c. c. de jus de citron

Variante

Vous pouvez remplacer le cumin par des graines de fenouil ou d'anis.

Pain aux graines

Un festival de graines pour ce pain amusant et très goûteux qui plaira à tous.

Programme 1

Pain de 600 g

210 ml d'eau
250 g de farine bise T 80
100 g de farine complète (T 110 ou T 130)
2 c. c. de levain déshydraté
1 c. c. de sel
1 c. c. d'huile d'olive (ou beurre)
1 c. c. sucre
80 g de graines variées : tournesol, lin blond, lin brun, courge, pavot, sésame, moutarde, etc.
1 c. c. de jus de citron

Pain de 750 g

270 ml d'eau
300 g de farine bise T 80
150 g de farine complète T 110 ou T 130
2,5 c. c. de levain déshydraté
1,5 c. c. de sel
1 c. s. d'huile d'olive (ou de beurre)
1 c. c. de sucre
100 g de graines variées : tournesol, lin blond, lin brun, courge, pavot, sésame, moutarde, etc.
1 c. c. de jus de citron

Réalisation

Ajoutez les graines au « bip » machine en fin de pétrissage.

Astuce

Si vos graines sont trop dures (et risquent de griffer la cuve de votre machine), faites-les tremper une dizaine de minutes dans de l'eau avant de les ajouter.

Pain au vin et aux noix

Un pain à la mie serrée et délicieusement violette, au goût très doux, excellent avec du fromage.

Programme 1

Pain de 600 g

310 g de farine T 55 ou T 65
40 g de farine de seigle
210 ml de vin et eau (50 % eau, 50 % vin)
2 c. c. de levain déshydraté
1 c. c. de sel
1 c. c. de beurre
1 c. c. de sucre
20 g de cerneaux de noix

Pain de 750 g

400 g de farine T 55 ou T 65
50 g de farine de seigle
270 ml de vin et eau mélangés (50 % eau, 50 % vin)
2,5 c. c. de levain déshydraté
1,5 c. c. de sel
1,5 c. c. de beurre
1 c. c. de sucre
30 g de cerneaux de noix

Astuce

Pour cette recette, utilisez le vin rouge de votre choix. Le vin freine la levée du pain ne vous attendez donc pas à obtenir un pain très gonflé.

Pain aux lardons

Un pain au bon goût d'épeautre et farci de lardons. Parfait pour accompagner un plat en sauce.

Programme 1

Pain de 600 g

270 g de farine de blé T 65
80 g de farine d'épeautre T 70
210 ml d'eau
2 c. c. de levain déshydraté
1 c. c. de sel
1 c. c. de sucre
40 g de lardons
1 c. c. de jus de citron

Pain de 750 g

350 g de farine de blé T 65
100 g de farine d'épeautre T 70
270 ml d'eau
2,5 c. c. de levain déshydraté
1,5 c. c. de sel
1 c. c. de sucre
50 g de lardons
1 c. c. de jus de citron

Th 60 % = 270 ml • Th 63 % = 285 ml • Th 66 % = 300 ml

Réalisation

Faites revenir les lardons à la poêle puis égouttez-les. Ajoutez-les en fin de pétrissage au « bip » machine.

Variante

Vous pouvez remplacer les lardons par des morceaux de jambon coupés en dés.

Pain brioché au miel et au beurre salé

Un pain très doux et savoureux, qui se déguste comme du gâteau. Il est parfait pour le petit-déjeuner, mais accompagnera également très bien des petits fromages frais.

Programme 1

Pain de 600 g

190 ml de liquide (50 % eau, 50 % lait)
350 g de farine blanche T 55 ou T 65
2 c. c. de levain déshydraté
1 petite c. c. de sel
30 g de beurre salé
30 g de miel
1 c. c. de jus de citron

Pain de 750 g

240 ml de liquide (50 % eau, 50 % lait)
450 g de farine blanche T 55 ou T 65
2,5 c. c. de levain déshydraté
1 c. c. de sel
40 g de beurre salé
40 g de miel
1 c. c. de jus de citron

Astuces

Attendez que votre pain soit bien froid avant de le déguster.
Si votre miel est épais, faites-le chauffer quelques minutes afin de le rendre liquide.

Pain aux œufs

Un pain moelleux et bien gonflé... Presque de la brioche, mais plus léger en calories !

Programme 3

Pain de 750 g

150 ml d'eau
300 g de farine bise T 80
150 g de farine d'épeautre T 70
2 œufs battus en omelette
2,5 c. c. de levain déshydraté
1,5 c. c. de sel
10 g de beurre
1 c. c. de sucre
1 c. c. de jus de citron

Astuce

Un œuf moyen pèse environ 60 g. Si vos œufs sont plus petits ou plus gros, réduisez ou augmentez l'eau proportionnellement.

Variante

Remplacez une partie de l'eau par du jus d'orange sanguine.

Brioche aux écorces d'orange confites

Une savoureuse brioche à déguster à toute heure ou à congeler en tranches en prévision d'un petit-déjeuner gourmand.

Programme 5

Brioche pour 6 personnes

120 ml de lait
350 g de farine T 45 (pour pâtisserie)
1 c. s. de Cointreau
2 jaunes d'œufs
1 c. c. de levure instantanée
1 c. c. de sel
80 g de beurre
40 g de sucre + 1 sachet de sucre vanillé
50 g d'écorces d'orange confites
1 c. c. de jus de citron

Réalisation

Vérifiez l'état du pâton (légèrement plus mou que le pain). Ajoutez les écorces d'orange confites en fin de pétrissage au « bip » machine.

Variantes

Vous pouvez remplacer le Cointreau par de l'eau de fleur d'oranger.

Vous pouvez également ajouter, juste avant la cuisson, des petits morceaux de sucre en grains (perlé) sur le dessus du pâton, en appuyant un peu pour qu'ils adhèrent bien. Mais, attention, ne mettez jamais de sucre perlé en cours de pétrissage ; vous risqueriez de rayer votre cuve.

Brioche à la farine de châtaignes

Une brioche surprenante, rustique, au léger goût de châtaigne, très moelleuse. À essayer très vite !

Programme 5

Brioche pour 6 personnes

120 ml de lait
320 g de farine T 45
30 g de farine de châtaignes
2 jaunes d'œufs
1 c. c. de levure instantanée
1 c. c. de sel
60 g de beurre
40 g de sucre + 1 sachet de sucre vanillé
1 c. s. de rhum + 1 c. c. de jus de citron
40 g d'écorces d'orange et de citron confites

Garniture

10 g de beurre fondu
10 g de sucre glace

Réalisation

Dès que la brioche est sortie de la machine, badigeonnez le dessus de beurre fondu, puis saupoudrez aussitôt de sucre glace tamisé à travers une petite passette.

Brioche légère au yaourt

Le yaourt apporte un léger goût acidulé à cette brioche très légère et peu calorique.

Programme 5

Brioche pour 6 personnes

80 ml de lait
350 g de farine T 45
50 g de yaourt
2 c. s. d'eau de fleur d'oranger
1 œuf battu en omelette
1 c. c. de levure instantanée
1/2 c. c. de sel
20 g de beurre
20 g de sucre + 1 sachet de sucre vanillé
1 c. c. de jus de citron

Variantes

Une fois que la brioche est refroidie, vous pouvez préparer un glaçage : sucre glace + quelques gouttes de jus de citron, de quoi obtenir une pâte épaisse à badigeonner sur le dessus de la brioche (elle blanchit en séchant).

Remplacez l'eau de fleur d'oranger par du kirsch ou du rhum.

Vous pouvez ajouter des raisins secs en fin de pétrissage.

Brioche sur poolish

Cette brioche vous étonnera par la finesse de sa texture.

Programme 5

Brioche pour 6 personnes

La veille (ou le matin pour le soir), préparez votre poolish avec :
150 g de farine T 45 + 150 ml de lait + 1 pincée de levure instantanée.
Mélangez le tout dans un saladier et laissez reposer.

Le lendemain (ou le soir même), mettez la poolish dans la machine et ajoutez :
2 œufs battus en omelette
225 g de farine T 45
85 g de beurre fondu
1 c. s. d'eau de fleur d'oranger
1 c. c. de sel
1/2 c. c. de levure instantanée
40 g de sucre + 1 sachet de sucre vanillé
1 c. c. de jus de citron

Réalisation

Vérifiez le pâton au bout d'une dizaine de minutes ; il doit être plus mou que pour le pain.

Astuces

Arrêtez votre machine une quinzaine de minutes avant la fin de cuisson si vous préférez une brioche moins dorée.
Si vous n'avez pas de programme « sucré », prenez le programme « pain blanc » ou « basic ».

Variante

Remplacez l'eau de fleur d'oranger par du kirsch, du rhum, etc.

Brioche aux streussels

Comme toutes les préparations contenant des œufs, cette brioche aux streussels (des petites boulettes de sucre, d'amande et de beurre) est à déguster sans attendre.

Programme 5

Brioche pour 6 personnes

130 ml de lait
350 g de farine T 45
1 œuf battu
1 c. c. de levure instantanée
1 c. c. de sel
70 g de beurre
60 g de sucre blanc + 1 sachet de sucre vanillé

Streussels

40 g de beurre
40 g de sucre blanc
40 g d'amandes pilées
30 g de farine
1 pincée de cannelle en poudre

Réalisation

Mettez tous les ingrédients pour la brioche dans la machine. Pendant ce temps, mélangez les ingrédients des streussels dans un saladier, jusqu'à obtenir un aspect de pâte grumeleuse. En fin de levée, et avant le début de la cuisson, émiettez les streussels sur la brioche, dans la cuve de la machine à pain, en appuyant un peu pour qu'ils adhèrent bien.

Brioche « tradition »

Une grande brioche très gonflée, à la mie légère et fondante, qui montera jusqu'au hublot de votre machine.

Programme 5

Brioche pour 6 personnes

3 œufs battus en omelette
10 ml de crème fraîche liquide
1 c. s. d'eau de fleur d'oranger
350 g de farine T 45
10 g de levure fraîche émiettée sur le dessus de la farine
1/2 c. c. de sel
50 g de sucre
120 g de beurre
1 c. c. de poudre d'écorce d'orange, ou les zestes d'une orange

Réalisation

Mettez les œufs et le liquide, puis la farine et le beurre en morceaux. Ajoutez sel, sucre et levure (la levure ne doit pas entrer en contact avec le sel).

Arrêtez 15 minutes avant la fin du programme de cuisson.

Pannetone

Réalisée sur une « poolish » (voir page 9), cette recette procurera toute la saveur de la célèbre spécialité italienne.

Programme 5

Pannetone pour 6 personnes

La veille (ou le matin pour le soir), préparez votre poolish avec :

100 g de farine T 55 mélangée avec 100 ml de lait tiède
+ 1 pincée de levure instantanée

Le lendemain (ou le soir même), mettez la poolish dans la machine et ajoutez :

2 œufs entiers battus en omelette
250 g de farine T 45
1 c. c. de levure instantanée
1/2 c. c. de sel
60 g de beurre
40 g de sucre + 1 sachet de sucre vanillé
40 g de raisins secs
40 g de fruits confits variés
le zeste d'un citron et d'une orange

Brioche à l'anis et à l'absinthe

Longtemps interdites, les boissons à l'absinthe sont de nouveau autorisées. Alors n'hésitez pas à découvrir le parfum savoureux de cette brioche à l'anis et à l'absinthe.

Programme 5

Brioche pour 6 personnes

100 ml de lait
350 g de farine T 45
20 ml d'apéritif à l'absinthe
1 œuf entier battu en omelette
1 c. c. de levure instantanée
1 c. c. de sel
50 g de beurre
40 g de sucre + 1 sachet de sucre vanillé
2 c. s. d'anis en grains
1 c. c. de jus de citron

Réalisation

Ajoutez les graines d'anis en fin de pétrissage au « bip » machine.

Astuces

Si vous n'avez pas d'absinthe, vous pouvez la remplacer par un apéritif anisé.

Si vous ne voulez pas mettre d'alcool dans votre brioche, il existe des boissons anisées sans alcool.

Brioche aux raisins et à la cardamome

Une brioche légère, très aérée, et aux saveurs subtiles.

Programme 5

Brioche pour 6 personnes

130 ml de lait
2 c. s. de fleur d'oranger
2 œufs battus en omelette
375 g de farine T 45
1 c. c. de levure instantanée
1 c. c. de sel
80 g de beurre coupés en petits morceaux
2 c. s. de sucre roux + 2 sachets de sucre vanillé
50 g de raisins secs
1 pincée de cardamome en poudre
1 pincée de curcuma (pour la couleur, facultatif)

Réalisation

Mettez les œufs et le liquide, puis la farine et le beurre en morceaux. Ajoutez, sel, sucre et levure (la levure ne doit pas entrer en contact avec le sel). Ajoutez les raisins au « bip » machine. Arrêtez 15 minutes avant la fin du programme de cuisson.

Variante

Faites macérer les raisins dans du marc de Bourgogne, avant de les ajouter à la recette.

Brioche aux amandes

Une bonne brioche, très gonflée, au délicieux goût d'amandes. Vous pouvez la couper en tranches et la congeler très facilement. Les tranches se décongèlent ensuite dans un simple grille-pain.

Programme 5

Brioche pour 6 personnes

130 ml de lait
1 c. s. de rhum
350 g de farine T 45
2 jaunes d'œufs
1 c. c. de levure instantanée
1 c. c. de sel
60 g de beurre
40 g de sucre + 1 sachet de sucre vanillé
30 g d'amandes effilées
1 c. c. de jus de citron

Réalisation

Vérifiez l'état du pâton (légèrement plus mou que le pain).

Ajoutez les amandes en fin de pétrissage au « bip » machine.

Variantes

Remplacer le lait par du lait d'amandes.

Juste avant la cuisson, badigeonnez la brioche d'un peu de café froid, à l'aide d'un pinceau (cela donne du brillant à la brioche).

Vous pouvez « cranter » le dessus de la brioche avec une paire de ciseaux.

Pain complet aux cinq céréales et aux noisettes

C'est un pain complet classique, au délicat goût de noisettes. Servi au repas, il est très apprécié en accompagnement des fromages.

Programme 12

Pain de 600 g

220 ml d'eau
350 g de farine aux cinq céréales
2 c. c. de levain déshydraté
1 c. c. de sel
1 c. s. d'huile d'olive
1 c. c. de miel
20 g de noisettes
1 c. c. de jus de citron

Pain de 750 g

280 ml d'eau
450 g de farine aux cinq céréales
2,5 c. c. de levain déshydraté
1,5 c. c. de sel
1 c. s. d'huile d'olive
1 c. c. de miel
30 g de noisettes
1 c. c. de jus de citron

Réalisation

Ajoutez les noisettes au « bip » machine en fin de pétrissage. À la fin du programme, sortez le pâton de la cuve. Mettez-le en forme et faites-le lever dans un banneton pendant environ 45 minutes, à l'abri des courants d'air. Renversez votre pâton sur une plaque. Incisez le dessus du pain. Enfournez dans un four préchauffé à 220 °C. N'oubliez pas le « coup de buée » (voir page 9). Laissez cuire 30 minutes environ. Sortez votre pain et laissez-le refroidir sur une grille.

Variantes

Vous pouvez remplacer les noisettes par des noix, ou par des graines de lin brunes et blondes, et en parsemer votre pain avant cuisson.

Vous pouvez remplacer l'huile d'olive par de l'huile de noix.

Si vous n'aimez pas le miel, remplacez-le par du sucre ou supprimez-le simplement.

Pain bis à l'épeautre et aux graines de tournesol

Ce pain semi-complet, assez rustique, saura s'inviter à toutes les tables pour les repas entre amis.

Programme 12

Pain de 600 g

210 ml d'eau
270 g de farine bise T 80
80 g de farine d'épeautre T 70
2 c. c. de levain déshydraté
1 c. c. de sel
1 c. s. d'huile d'olive
1 c. c. de sucre
25 g de graines de tournesol
1 c. c. de jus de citron

Pain de 750 g

270 ml d'eau
350 g de farine bise T 80
100 g de farine d'épeautre T 70
2,5 c. c. de levain déshydraté
1,5 c. c. de sel
1 c. s. d'huile d'olive
1 c. c. de sucre
30 g de graines de tournesol
1 c. c. de jus de citron

Réalisation

Ajoutez les graines de tournesol au « bip » machine en fin de pétrissage. Certaines farines complètes absorbent plus d'eau. Si votre pâton est trop sec, ajoutez-en un peu (10 ml par 10 ml). Une fois le programme achevé, sortez le pâton de la cuve et mettez-le en forme. Laissez-le lever 30 minutes environ dans un banneton, à l'abri des courants d'air. Renversez votre pâton sur une plaque. Incisez le dessus du pain. Enfournez 30 minutes dans un four préchauffé à 220 °C. N'oubliez pas le « coup de buée » (voir page 9). Sortez votre pain et laissez-le refroidir sur une grille.

Pain aux tomates séchées, chèvre et olives

Un pain savoureux, à servir avec tous les plats d'été, et en particulier les salades.

Programme 12

Pain de 600 g

210 ml d'eau
270 g de farine T 55 ou T 65
50 g de farine complète T 150
30 g de farine de seigle
2 c. c. de levain déshydraté
1 c. c. de sel
20 g de tomates séchées
40 g de fromage de chèvre coupé en morceaux
8 olives vertes et noires dénoyautées
1 c. c. de jus de citron

Pain de 750 g

270 ml d'eau
350 g de farine T 55 ou T 65
60 g de farine complète T 150
40 g de farine de seigle
2,5 c. c. de levain déshydraté
1,5 c. c. de sel
25 g de tomates séchées
50 g de fromage de chèvre coupé en morceaux
10 olives vertes et noires dénoyautées
1 c. c. de jus de citron

Réalisation

Une fois le programme achevé, sortez le pâton de la cuve et étalez-le sur un plan de travail fariné. Farcissez-le avec les tomates, les morceaux de fromage de chèvre et les olives dénoyautées. Façonnez votre pain. Faites lever en banneton ou sur une plaque. Incisez le dessus du pain. Enfournez 30 minutes dans un four préchauffé à 220 °C. N'oubliez pas le « coup de buée » (voir page 9). Sortez votre pain et laissez-le refroidir sur une grille.

Astuces

Certaines tomates séchées en sachet ont besoin d'être réhydratées avant d'être utilisées.

Si vous voulez que votre fromage de chèvre ne fonde pas à la cuisson, coupez-le en morceaux et laissez-le une heure au congélateur avant de l'intégrer au pain.

Pain roulé au pavot

Ce pain se prépare sur une poolish. C'est un des pains les plus raffinés qui soient. La poolish lui permet de développer tout son arôme et d'offrir une mie aérée. C'est un pain pour les repas de fêtes ; il fait le régal des gourmets !

Programme 12

Pain de 600 g

La veille (ou le matin pour le soir), préparez votre poolish avec :

100 g de farine T 55 mélangée avec 100 ml d'eau
+ 1/4 c. c. de levain déshydraté (ou 1 pointe de couteau de levure)

Le lendemain (ou le soir même), mettez la poolish dans la machine et ajoutez :

110 ml d'eau
125 g de farine blanche T 55 ou T 65
125 g de farine T 80
1 c. c. de levain déshydraté (ou 1/2 c. c. de levure)
1 c. c. de sel
15 g de graines de pavot
1 c. c. de jus de citron

Pain de 750 g

La veille (ou le matin pour le soir), préparez votre poolish avec :

150 g de farine T 55 mélangée avec 150 ml d'eau
+ 1/2 c. c. de levain déshydraté (ou 1 pincée de levure)

Le lendemain (ou le soir même), mettez la poolish dans la machine et ajoutez :

150 g de farine blanche T 55 ou T 65
150 g de farine T 80
120 ml d'eau
1,5 c. c. de levain déshydraté (ou 1/2 c. c. de levure)
1,5 c. c. de sel
20 g de graines de pavot
1 c. c. de jus de citron

Réalisation

À la fin du programme, sortez le pâton de la cuve. Étalez-le en forme de rectangle. Saupoudrez de graines de pavot, puis rouler le pâton assez serré, comme un boudin. Laissez lever une trentaine de minutes dans un banneton, à l'abri des courants d'air. Renversez sur une plaque. Badigeonnez d'eau le dessus du pâton et saupoudrez de graines de pavots. Enfournez à four préchauffé à 220 °C et laissez cuire 35 minutes environ. N'oubliez pas le « coup de buée » (voir page 9).

Baguette

La baguette a la réputation d'être difficile à réaliser à la maison et décevante au niveau du goût. Avec ce mélange de farine, la réussite sera au rendez-vous !

Programme 12

Pour 4 baguettes

360 ml d'eau
420 g de farine blanche T 55 ou T 65
90 g de farine complète T 130
90 g de farine d'épeautre
3,5 c. c. de levain déshydraté
2 c. c. de sel
1,5 c. s. d'huile d'olive (ou de beurre)
2 c. c. de sucre
1 c. c. de jus de citron

Réalisation

Une fois le programme terminé, sortez le pâton de la cuve et divisez-le en quatre. Pour façonner vos baguettes, étendez la pâte en forme de rectangle, repliez-la une fois vers vous, soudez le bord avec vos doigts, répétez deux fois la même manœuvre, roulez un peu vos boudins de pâte en laissant la « soudure » sur le dessous. Laissez-les lever sur une plaque 30 minutes environ. Incisez le dessus quatre ou cinq fois. Enfournez dans un four préchauffé à 220 C° et laissez cuire 20 minutes environ. N'oubliez pas le « coup de buée » avant d'enfourner (voir page 9). Sortez vos baguettes lorsqu'elles sont bien dorées.

Astuce

La cuisson des baguettes est assez délicate et doit être bien surveillée. Si vous voyez qu'elles ne cuisent pas assez en dessous, enlevez la lèchefrite au bout d'une quinzaine de minutes.

Variante

Si vous remplacez l'eau par du lait et si vous ajoutez 20 g de sucre et 20 g de beurre, vous obtenez des baguettes viennoises.

Baguette épis

Des baguettes « comme chez le boulanger », c'est possible ! Pour cela, mélangez vos farines et préparez vos baguettes sur une poolish (voir page 9). Belle croûte dorée et bon goût sont garantis.

Programme 12

Pour 4 baguettes

La veille (ou le matin pour le soir), préparez votre poolish avec :
150 g de farine T 55 mélangée avec 150 ml d'eau
+ 1/2 c. c. de levain déshydraté (ou 1 pincée de levure)

Le lendemain (ou le soir même), mettez la poolish dans la machine et ajoutez :
210 ml d'eau
225 g de farine T 55 ou T 65
225 g de farine d'épeautre
2 c. c. de levain déshydraté (ou 1 c. c. de levure)
2 c. c. de sel
1 c. c. de jus de citron

Réalisation

Une fois le programme terminé, sortez le pâton et divisez-le en quatre. Façonnez vos baguettes. Étendez la pâte en forme de rectangle, repliez-la une fois vers vous, soudez le bord avec vos doigts, refaites deux fois la même manœuvre, roulez un peu vos boudins de pâte, en laissant la « soudure » sur le dessous. Laissez-les lever sur une plaque à l'abri des courants d'air 30 minutes environ. Façonnez les épis (voir page 9). Enfournez dans un four préchauffé à 220 ° C et laissez cuire 20 minutes environ. N'oubliez pas le « coup de buée » avant d'enfourner. Sortez vos baguettes lorsqu'elles sont bien dorées.

Pain au seigle

Ce pain au seigle, dense et sombre, à la mie serrée, est délicieux avec du beurre. Il accompagne idéalement tous les fruits de mer, et traditionnellement les huîtres.

Programme 12

Pain de 600 g

220 ml d'eau
190 g de farine bise T 80
160 g de farine de seigle
2 c. c. de levain déshydraté
1 c. c. de sel
1 c. c. d'huile d'olive (ou beurre)
1 c. c. de sucre
1 c. c. de jus de citron

Pain de 750 g

280 ml d'eau
250 g de farine bise T 80
200 g de farine de seigle
2,5 c. c. de levain déshydraté
1,5 c. c. de sel
1 c. s. d'huile d'olive (ou de beurre)
1 c. c. de sucre
1 c. c. de jus de citron

Réalisation

Une fois le programme terminé, sortez le pâton de la cuve. Façonnez un pain long, et laissez-le lever librement sur une plaque, à l'abri des courants d'air. Farinez le dessus, puis incisez en biais. Enfournez à four préchauffé à 220 °C et faites cuire 35 minutes environ. N'oubliez pas le « coup de buée » (voir page 9). Sortez votre pain bien doré et laissez refroidir sur une grille. Ce pain sera meilleur un peu sec.

Variantes

Si vous aimez les pains plus blancs, remplacez la farine bise par de la farine blanche T 55 ou T 65.

Vous pouvez augmenter la teneur en farine de seigle, jusqu'à 50 % du poids de farine bise. Votre pain « au » seigle, devient alors un pain « de » seigle, dit « méteil ». Son goût est plus fort et sa mie plus serrée.

Pain parisien

Utiliser un morceau de pâte qui a été pétrie la veille est une autre manière de faire son pain... Essayez ce pain parisien, appelé aussi « bâtard » ; vous serez surpris par son bon goût de pain « à l'ancienne » et sa mie succulente.

Programme 12

Pour 2 pains

200 ml d'eau
150 g de pâte à pain de la veille (gardée au réfrigérateur toute la nuit, dans un saladier fariné, et sortie 1 heure avant de la mettre dans la machine à pain)
340 g de farine T 65
40 g de farine de seigle
1 c. c. de levain déshydraté
1,5 c. c. de sel
1 c. c. de jus de citron

Réalisation

Mettez tous les ingrédients dans la machine à pain. Vérifiez votre pâton, et raclez les parois de la cuve à l'aide d'une spatule souple si besoin. À la fin du programme, sortez le pâton et divisez-le en deux, puis façonnez chaque moitié comme une baguette. Laissez lever entre 15 et 30 minutes à l'abri des courants d'air. Posez-les sur une plaque, incisez et enfournez à four préchauffé à 220 °C. N'oubliez pas le « coup de buée » (voir page 9). Laissez cuire 30 minutes environ. Sortez vos pains bien cuits et laissez-les refroidir sur une grille.

Astuce

Pour la pâte de la veille, rien de plus simple. Préparez la pâte d'une focaccia, par exemple (voir p. 101), et prélevez-en 150 g, que vous réserverez au réfrigérateur pour la confection de votre « pain parisien » le lendemain.

Pain à la semoule de blé et à la châtaigne

Un mélange savoureux pour un pain à la mie très fine et très douce, délicatement relevée par la farine de châtaignes.

Programme 12

Pain de 600 g

210 ml d'eau
230 g de semoule de blé dur fine
80 g de farine T 55 ou T 65
40 g de farine de châtaignes
2 c. c. de levain déshydraté
1 c. c. de sel
1 c. c. d'huile d'olive (ou de beurre)
1 c. c. de sucre
1 c. c. de jus de citron

Pain de 750 g

270 ml d'eau
300 g de semoule de blé dur fine
100 g de farine T 55 ou T 65
50 g de farine de châtaignes
2,5 c. c. de levain déshydraté
1,5 c. c. de sel
1 c. s. d'huile d'olive (ou de beurre)
1 c. c. de sucre
1 c. c. de jus de citron

Réalisation

Vérifiez la consistance de votre pâton ; la farine de châtaignes exige parfois plus d'eau. À la fin du programme, sortez le pâton de la machine. Farinez votre plan de travail. Formez trois gros boudins et tressez-les d'une manière assez lâche (afin qu'ils puissent bien gonfler) puis roulez-les en escargot. Laissez lever 30 minutes environ sur une plaque, à l'abri des courants d'air. Enfournez à four préchauffé à 220 °C et laissez cuire 35 minutes environ. Baissez si le pain cuit trop vite. Une fois votre pain sorti du four, laissez-le refroidir sur une grille.

Variante

Badigeonnez votre pain d'eau légèrement salée et parsemez de graines de sésame ou de pavot, ou bien saupoudrez de semoule de blé.

Pain à la farine de kamut

La farine de kamut apporte un petit goût très doux à ce pain. On la trouve facilement dans les magasins de produits biologiques.

Programme 12

Pain de 600 g

210 ml d'eau
270 g de farine de blé T 55 ou T 65
80 g de farine de kamut
2 c. c. de levain déshydraté
1 c. c. de sel
1 c. c. d'huile d'olive (ou beurre)
1 c. c. de sucre
1 c. c. de jus de citron

Pain de 750 g

270 ml d'eau
350 g de farine de blé T 55 ou T 65
100 g de farine de Kamut
2,5 c. c. de levain déshydraté
1,5 c. c. de sel
1 c. s. d'huile d'olive (ou de beurre)
1 c. c. sucre
1 c. c. de jus de citron

Réalisation

Une fois le programme achevé, sortez le pâton de la cuve. Façonnez-le en le tordant simplement sur lui-même. Laissez lever 30 minutes environ, dans un banneton long, à l'abri des courants d'air. Renversez votre pâton sur une plaque. Enfournez dans un four préchauffé à 220 °C. N'oubliez pas le « coup de buée » (voir page 9). Laissez cuire 30 minutes environ. Sortez votre pain et laissez refroidir sur une grille.

Astuce

Si vous ne possédez pas de bannetons (en osier garni d'une toile de lin), tapissez un saladier ou n'importe quel moule d'un torchon en coton ou en lin légèrement humidifié et abondamment fariné. Placez-y votre pain et repliez le torchon dessus. Une fois la levée achevée, vous n'aurez plus qu'à retourner très délicatement votre pain sur une plaque qui va au four.

Pain aux noix de pécan, raisins, céréales

Un pain qui conjugue la douceur des raisins, le goût des céréales et le croquant des noix de pécan... À essayer sans tarder !

Programme 12

Pain de 600 g

210 ml d'eau
190 g de farine blanche T 55 ou T 65
160 g de farine aux cinq céréales
2 c. c. de levain déshydraté
1 c. c. de sel
1 c. c. d'huile d'olive (ou de beurre)
1 c. c. de sucre roux
20 g de raisins secs
20 g de noix de pécan
1 c. c. de jus de citron

Pain de 750 g

270 ml d'eau
250 g de farine blanche T 55 ou T 65
200 g de farine aux cinq céréales
2,5 c. c. de levain déshydraté
1,5 c. c. de sel
1 c. s. d'huile d'olive (ou de beurre)
1 c. c. de sucre roux
25 g de raisins secs
25 g de noix de pécan
1 c. c. de jus de citron

Réalisation

Ajoutez les noix de pécan et les raisins en fin de pétrissage au « bip » machine. Une fois le programme terminé, sortez le pâton et façonnez un gros pain long ou une couronne. Laissez lever environ 40 minutes, à l'abri des courants d'air, sur une plaque. Incisez et enfournez à four préchauffé à 220 °C. N'oubliez pas le « coup de buée » (voir page 9). Laissez cuire 35 minutes environ. Sortez le pain du four quand il est bien doré.

Variante

Remplacez la moitié de l'eau par du lait d'avoine ou du lait d'amandes. Vous obtiendrez un pain un peu plus brioché, avec une mie plus fine et plus douce.

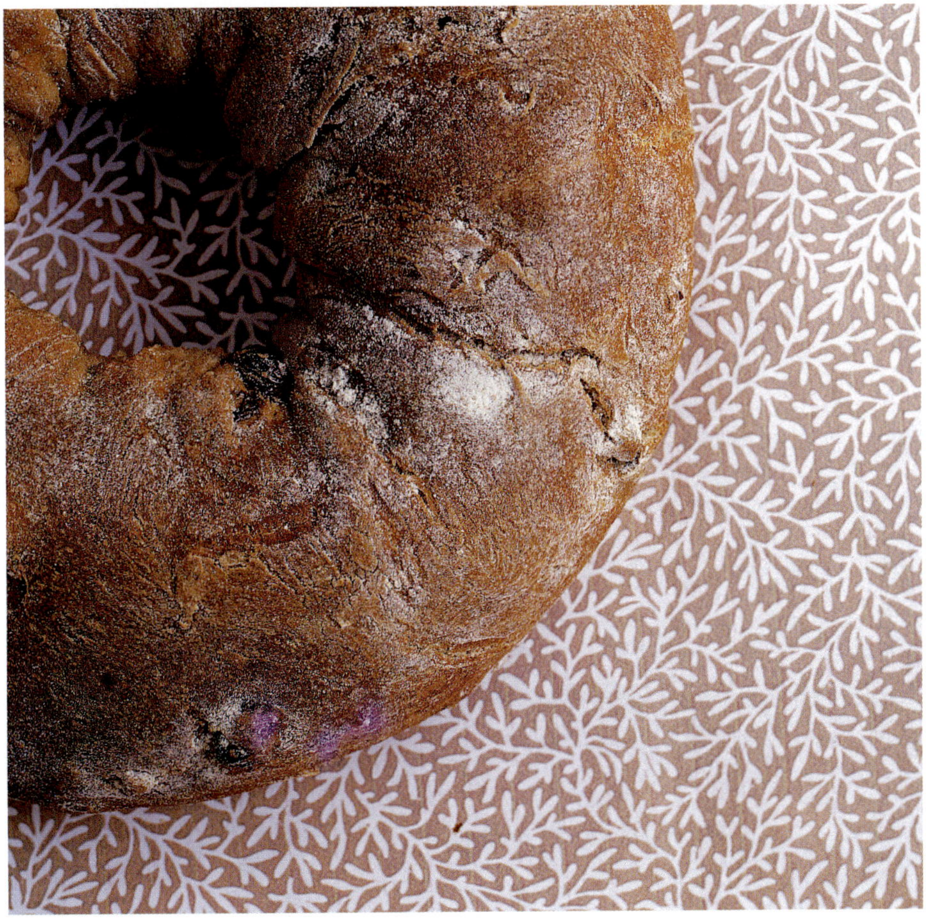

Ciabatta

D'origine italienne, cette « savate » (c'est un pain assez plat) n'est pas très facile à réaliser, en raison d'un pâton très collant. Mais le résultat est une mie pleine de gros trous et succulente... Une bonne raison d'essayer !

Programme 12

Pour une ciabatta

230 ml d'eau (ou ub peu plus pour obtenir un pâton très mou)
250 g de farine T 55 ou T 65
50 g de farine de seigle
50 g de farine bise T 80
2 c. c. de levain déshydraté
1 c. c. de sel
2 c. s. d'huile d'olive

Réalisation

Laissez lever le pâton dans votre machine éteinte pendant 1 heure 30. Farinez un grand papier sulfurisé et déposez le pâton très mou dessus, en forme de rectangle. Remontez les côtés du papier sulfurisé (comme pour une papillote) pour enfermer le pâton afin qu'il garde sa forme rectangulaire et ne lève pas. Manipulez-le le moins possible. Laissez reposer 30 minutes. Ouvrez la papillote et coupez le papier qui déborde autour du pain. Enfournez dans un four préchauffé à 220 °C. N'oubliez pas le « coup de buée » (voir page 9). Laissez cuire 20 minutes. La croûte reste molle. C'est un pain qui se conserve très bien.

Pistolets

Vous deviendrez bien vite adeptes de ces pains traditionnels en Belgique tant ils sont savoureux ! Ils sont invités à toutes les tables de marque et très appréciés par les enfants.

Programme 12

Pour 6 ou 7 pistolets

210 ml d'eau
300 g de farine T 55 ou T 65
50 g de farine de seigle
2 c. c. de levain déshydraté
1 c. c. de sel
10 g de beurre
1 c. c. de sucre
1 c. c. de jus de citron

Réalisation

Après la fin du programme, sortez le pâton et façonnez des petites boules d'environ 80 g chacune. Allongez-les un peu, puis « marquez » le milieu à l'aide du manche d'une cuillère en bois farinée. Laissez lever 30 minutes sur une plaque à l'abri des courants d'air. Enfournez dans un four préchauffé à 220 °C, puis baissez la température à 200 °C et laissez cuire 20 minutes. N'oubliez pas le « coup de buée » (voir page 9). Surveillez la cuisson.

Variante

Pour renforcer le goût de ces petits pains et obtenir une mie plus élastique, faites-les sur une poolish. Dans ce cas, mélangez, la veille (ou le matin pour le soir), 100 g de farine et 100 ml d'eau + 1 pincée de levure. Le lendemain (ou le soir même) mettez la poolish dans la cuve de votre machine et ajoutez 200 g de farine T 55 et 50 g de farine de seigle, 110 ml d'eau et 1 c. c. de levain.

Petits pains ronds au pavot, au cumin, au sésame…

Ces petits pains sur poolish sont délicieux. Ils peuvent être farcis (petits sandwichs) ou accompagner vos repas. Si vous les congelez, ils se décongèleront facilement en moins d'une heure sur une grille à l'air libre (ou en quelques minutes au four), et feront toujours l'admiration de vos invités.

Programme 12

Pour une dizaine de petits pains

La veille pour le lendemain (ou le matin pour le soir), préparez votre poolish. Mélangez dans un saladier :

100 g de farine T 55 ou T 65
100 ml d'eau + 1 pincée de levure instantanée

Le lendemain (ou le soir même), ajoutez :

150 ml de lait
150 g de T 55 ou T 65
150 g de farine d'épeautre T 70
1 c. c. de levain déshydraté
1,5 c. c. de sel
15 g de beurre
1 c. c. de sucre roux

Pour la garniture

Graines de lin, de pavot, de cumin (carvi), de sésame, de tournesol, etc.

Réalisation

À la sortie de la machine, façonnez des petits pains d'environ 60 g chacun, puis laissez lever 30 minutes à l'abri des courants d'air. Badigeonnez-les d'eau salée et recouvrez-les des graines de votre choix, en appuyant un peu pour qu'elles tiennent bien. Incisez le dessus des petits pains. Enfournez à four préchauffé à 220 °C. Laissez cuire 20 minutes en baissant à 200 °C si besoin. Surveillez la cuisson. Sortez les pains lorsqu'ils sont bien dorés.

Variante

Ajoutez 20 g de noisettes et 20 g de raisins secs en fin de pétrissage, formez des pains ronds, laissez-les lever, badigeonnez-les d'un peu de café froid (pour les faire dorer), puis incisez-les en croix et enfournez.

Pain à la semoule

C'est un pain très savoureux que l'on retrouve partout sur les bords de la Méditerranée. Vite cuit, il est aussi... vite mangé ! Parfait pour accompagner un tajine.

Programme 12

Pour un pain de taille moyenne

125 ml d'eau
225 g de semoule de blé dur fine
1 c. c. de levure instantanée
1 c. c. de sel
1 c. s. d'huile d'olive
1 c. c. de jus de citron

Réalisation

Rajoutez un peu d'eau en cours de pétrissage si vous voyez que le pâton est trop sec. En fin de programme, sortez le pâton de la cuve et laissez-le lever 1 heure dans un moule à tarte de la taille de votre poêle, sous un torchon, à l'abri des courants d'air. Faites chauffer une poêle, sans matière grasse. Glissez-y le pâton bien levé et faites-le cuire à feu vif une dizaine de minutes de chaque côté, en couvrant à l'aide d'un couvercle.

Ce pain, vite cuit, sèche assez rapidement et doit être dégusté sans attendre.

Traditionnellement, on ne le coupe pas au couteau, mais les convives en « déchirent » des morceaux avec les doigts.

Variante

Pour 2 ou 3 pains, doublez ou triplez les proportions et faites-les cuire en plusieurs fois.

Pain marguerite

Un pain très simple à façonner, mais qui fait de l'effet ! Pour les repas de fête raffinés. La farine de kamut lui apporte un petit supplément de caractère.

Programme 12

Pour un pain marguerite de 600 g

220 ml d'eau
300 g de farine T 55 ou T 65
50 g de farine de kamut
2 c. c. de levain déshydraté
1,5 c. c. de sel
1 c. s. d'huile d'olive
1 c. c. de sucre
1 c. c. de jus de citron

Réalisation

Vérifiez votre pâton. La farine de kamut absorbe parfois plus d'eau. Si votre pâton est trop sec, ajoutez-en par petites quantités (10 ml). À la fin du programme, sortez le pâton de votre machine et façonnez 6 petites boules. Placez-en une au milieu et les autres autour, sur une plaque (ou moule à tarte), assez écartées les unes des autres (0,5 cm environ). Elles se souderont en levant et à la cuisson. Laissez lever 30 minutes à l'abri des courants d'air. Incisez légèrement les boules et farinez le dessus de votre pain. Enfournez dans un four préchauffé à 220 °C. N'oubliez pas le « coup de buée » (voir page 9). Laissez cuire environ 25 minutes. Couvrez, si le pain dore trop vite, avec une feuille d'aluminium. Sortez-le et laissez refroidir sur une grille.

Pâte à pizza

Une fois cette pâte confectionnée, vous êtes libre de choisir la garniture qui vous plaît. Très rapides à faire, ces pizzas maison enchanteront les petits… comme les grands.

Programme 12

Pour une pizza de taille moyenne

210 ml d'eau
350 g de farine T 55 ou T 65
1 c. c. de levure instantanée ou 2 c. c. de levain déshydraté
1 c. c. de sel
2 c. s. d'huile d'olive
1 c. c. de sucre

Pour une grande pizza ou 2 moyennes

270 ml d'eau
450 g de farine T 55 ou T 65
1,5 c. c. de levure instantanée ou 2,5 c. c. de levain déshydraté
1,5 c. c. de sel
3 c. s. d'huile d'olive
1 c. c. de sucre

Réalisation

Une fois le programme achevé, étalez votre pâte à pizza sur une plaque. Recouvrez la pâte de coulis de tomates et ajoutez votre garniture. Placez à four préchauffé très chaud (230°) et laissez cuire 15 à 20 minutes.

Astuces

Les pizzas se dégustent sans attendre… ou se congèlent parfaitement bien ! Faites une grande pizza rectangulaire, et coupez-la en petites parts, puis placez-les dans des sachets individuels. Ces parts sont pratiques à emmener en pique-nique, pour un déjeuner au bureau ou pour une petite faim ! Elles se décongèlent facilement en les passant quelques minutes à four chaud.

Si vous n'avez pas de programme « pizza », utilisez le programme « pâte seule ».

Variantes

Si vous voulez une pizza plus relevée, remplacez l'huile d'olive par de l'huile d'olive aromatisée (citron, basilic, etc.).

Vous pouvez remplacer la farine T 55 ou T 65 par de la farine bise T 80.

Gressini

Ces bâtonnets de pain très fins se dégustent tout chaud à l'apéritif. Au cumin, au carvi, au comté, au pavot, au gros sel, au sésame, etc. Il y en aura pour tous les goûts !

Programme 12

Pour une quarantaine de gressini

200 g de farine T 55 ou T 65
100 g de farine bise T 80
90 ml de bière + 70 ml d'eau
1 c. c. de levure
1 c. c. de sel
Cumin (carvi), gros sel, sésame, cumin en poudre, comté râpé, etc. pour la garniture

Réalisation

Sortez la pâte en fin de programme et divisez-la en petits morceaux de 10 g. Façonnez des boudins très fins de 20 à 30 cm de long. Badigeonnez-les d'eau et roulez-les, en appuyant un peu, sur du cumin, du gros sel, du sésame, du pavot, du comté râpé, du cumin en poudre, etc. Laissez reposer 15 minutes à l'abri des courants d'air, puis enfournez dans un four préchauffé à 200 °C. Laissez cuire 20 minutes environ, en surveillant bien la coloration.

Ces petits bâtonnets se consomment dans les heures qui suivent afin d'éviter leur ramollissement.

Variantes

La bière apporte une certaine légèreté à la pâte, mais vous pouvez très bien ne mettre que de l'eau. Et si vous préférez le pain blanc, remplacez la farine bise par de la T 55 ou T 65. Vous pouvez aussi façonner ces gressini en tortillons, en mini tresses, etc.

Galette franc-comtoise au comté

Originale et savoureuse, cette galette peut être découpée en petits carrés et servie chaude à l'apéritif, accompagnée d'un bon verre de vin blanc du Jura, ou en plat principal, avec une salade verte. Idéale pour un buffet !

Programme 12

Pour 2 galettes, ou une grande plaque rectangulaire

140 ml de lait
450 g de farine T 55 ou T 65
2 œufs battus en omelette
1,5 c. c. de levure instantanée
1 c. c. de sel
90 g de beurre

Pour la garniture

200 g de comté coupé en cubes
30 g de beurre coupé en dés

Réalisation

À la fin du programme, sortez le pâton (il est un peu mou, en raison de la présence du beurre) et étalez-le rapidement sur une plaque (ou dans un moule à tarte). Parsemez de petits cubes de comté et laissez lever 30 minutes à l'abri des courants d'air. Parsemez la pâte de dés de beurre. Enfournez à four préchauffé à 200 °C et laissez cuire 20 minutes. Arrêtez lorsque le dessus est bien doré.

Si vous n'avez pas la place de cuire 2 galettes en même temps dans votre four, procédez comme suit : coupez le pâton en deux, mettez-en la moitié au réfrigérateur ; façonnez la moitié restante et laissez-la lever, enfournez ; sortez le pâton mis au réfrigérateur et façonnez-le, puis laissez-le lever ; enfournez-le quand l'autre sort du four...

Astuce

Cette galette au comté se congèle très bien. Coupez-la en carrés que vous mettrez en sachets. Ces carrés peuvent être sortis en dernière minute et décongelés en les passant au four.

Muffins

Une star dans les pays anglo-saxons ! Vous adopterez bien vite ces muffins, amusants à faire et délicieux à dévorer. Coupés par le milieu, ils accueilleront aussi bien du sucré que du salé. Mais attention ! Vous n'en ferez jamais assez...

Programme 12

Pour une dizaine de muffins

150 ml d'eau + 60 ml de lait
350 g de farine T 55 ou T 65
2 c. c. de levain déshydraté
1 c. c. de sel
20 g de beurre
1 c. c. de sucre
1 c. c. de jus de citron

Réalisation

Une fois le programme terminé, sortez le pâton et étalez-le sur un peu de semoule de blé dur. Il doit avoir environ 2 cm d'épaisseur. Découpez des ronds de pâte à l'aide d'un gros verre retourné (ou emporte-pièce) de 8 ou 10 cm de diamètre. Saupoudrez de semoule de blé. Mettez à lever 30 minutes sur une plaque à l'abri des courants d'air. Enfournez dans un four préchauffé à 180 °C.

Retournez vos muffins au bout de 6 à 7 minutes, et faites cuire encore 7 ou 8 minutes. Surveillez bien la cuisson : ils ne doivent pas trop dorer.

Attendez que les pains refroidissent avant de les manger.

Astuces

Si vous éprouvez des difficultés à étaler correctement votre pâton à sa sortie de machine, laissez-le reposer une dizaine de minutes au réfrigérateur. Il sera ensuite plus facile à travailler.

Ces petits pains se congèlent parfaitement bien, et peuvent se décongeler dans un grille-pain ou au four.

Focaccia

Son nom l'indique, cette focaccia vient d'Italie. Elle s'emmène partout en pique-nique ou comme casse-croûte.

Programme 12

Pour 4 belles parts

270 ml d'eau
450 g de farine T 65
2,5 c. c. de levain déshydraté
1,5 c. c. de sel

Pour la garniture

Huile d'olive, ail, basilic, tomates séchées, olives vertes et noires, piments, etc.

Réalisation

À la fin du programme, étalez votre pâte en rectangle, sur une plaque. Enfoncez le bout de vos doigts dans la pâte, à intervalles réguliers, presque jusqu'au fond. Garnissez les trous ainsi formés d'huile d'olive. Laissez lever 40 minutes. Ajoutez, dans les trous, de l'ail coupé en morceaux, du basilic, des petits bouts de tomates séchées, des olives noires et vertes coupées en morceaux, du poivron, etc. Enfournez à four préchauffé à 220 °C et laissez cuire une vingtaine de minutes. Couvrez d'une feuille d'aluminium si le dessus dore trop vite. À la sortie du four, coupez en quatre, ou en petits carrés. Cette focaccia, tout comme la pizza, se déguste à la sortie du four, mais elle se congèle très bien et se réchauffe sans problème.

Petits pains vapeur

Cuits d'abord à la vapeur (ou pochés à l'eau bouillante), ces petits pains terminent leur cuisson au four. Leur goût rappelle celui des « bagels ».

Programme 12

Pour une demi-douzaine de petits pains

210 ml d'eau
350 g de farine blanche T 55 ou T 65
2 c. c. de levain déshydraté
1 c. c. de sel
1 c. c. d'huile d'olive (ou beurre)
1 c. c. de sucre
1 c. c. de jus de citron

Pour une dizaine de petits pains

270 ml d'eau
450 g de farine blanche T 55 ou T 65
2,5 c. c. de levain déshydraté
1,5 c. c. de sel
1 c. s. d'huile d'olive (ou de beurre)
1 c. c. de sucre
1 c. c. de jus de citron

Réalisation

En fin de programme, sortez le pâton. Façonnez des petits pains ronds. Vous pouvez faire un trou au milieu. Laissez lever une bonne heure sur du papier sulfurisé à l'abri des courants d'air. Badigeonnez d'eau vos petits pains et parsemez-y des graines de cumin. Placez-les dans un cuit-vapeur (ou dans un récipient mis sur une casserole d'eau bouillante) et laissez-les cuire 20 minutes. Enlevez-les et mettez-les à four préchauffé à 220 °C. Laissez cuire 10 à 15 minutes. Sortez-les quand ils sont bien dorés.

Variante

Si vous ne voulez pas faire cuire vos petits pains à la vapeur, vous pouvez les plonger dans l'eau bouillante (avec le papier sulfurisé sur lequel ils ont gonflé) 30 secondes de chaque côté. Égouttez-les sur un torchon, puis mettez-les au four pendant 20 minutes environ, jusqu'à ce qu'ils soient bien dorés.

Fougasse

Elles sentent bon la Provence, les fougasses. On les déguste avec les doigts, chaudes ou froides.

Programme 12

Pour 2 fougasses

210 ml d'eau
380 g de farine T 55 ou T 65
1 petite c. c. de levure
2 c. s. d'huile d'olive
1 c. c. de sel bien bombée
1 c. c. de jus de citron

Réalisation

Sortez le pâton après 30 minutes de levée en machine. Pliez-le en deux, tournez-le d'un quart de tour, pliez-le en deux, etc. Étalez la pâte et entaillez-la, puis étirez-la pour élargir les trous. Faites lever 20 minutes à l'abri des courants d'air. Badigeonnez d'eau salée. Enfournez à four préchauffé à 220 °C et baissez à 210 °C. N'oubliez pas le « coup de buée » (voir page 9). Laissez cuire 20 à 25 minutes en surveillant la cuisson. Sortez les fougasses. Dégustez sans attendre ou dans la journée.

Fougasse aux olives et tomates séchées

À déguster à la sortie du four, accompagnée d'une salade verte. Cette fougasse peut, à elle seule, constituer un repas !

Programme 12

Pour 2 fougasses

210 ml d'eau
350 g de farine T 55 ou T 65
1 c. c. de sel bien bombée
1 petite c. c. de levure
2 c. s. d'huile d'olive
30 g de tomates séchées réhydratées
20 g d'olives vertes et noires

Réalisation

Ajoutez les tomates et les olives ainsi que 30 g de farine en fin de pétrissage.

Sortez le pâton après 30 minutes de levée en machine. Pliez en deux, tournez d'un quart de tour, pliez en deux, etc. Étalez la pâte et entaillez-la, puis étirez-la pour agrandir les trous. Faites lever 20 minutes à l'abri des courants d'air. Badigeonnez d'eau salée. Enfournez à four préchauffé à 220 °C et baissez à 210 °C. Laissez cuire 20 à 25 minutes. N'oubliez pas le « coup de buée » (voir page 9) et surveillez la cuisson. Dégustez sans attendre ou dans la journée.

Tresse briochée

Préparées sur une poolish, ces tresses briochées ont une texture exquise. Elles sont très simples à réaliser et font beaucoup d'effet.

Programme 12

Pour 2 tresses

La veille (ou le matin pour le soir), préparez votre poolish :
150 g de farine T 45 mélangée avec 150 ml de lait
+ 1 pincée de levure instantanée

Le lendemain (ou le soir même), mettez la poolish dans la machine et ajoutez :
3 jaunes d'œufs
260 g de farine T 45
1/2 c. c. de levure instantanée
1 c. c. de sel
70 g de beurre
30 g de sucre + 2 sachets de sucre vanillé
Vanille liquide
1 c. c. de jus de citron

Réalisation

Vérifiez votre pâton ; il doit être plus mou que pour du pain (en raison de la présence de beurre). Une fois le programme terminé, sortez votre pâton et divisez-le en 6 parts égales. Façonnez les boudins de pâte. Prenez en trois et, sur une plaque, tressez-les d'une manière très lâche (afin que la pâte puisse gonfler librement). Faites de même pour la seconde tresse. Laissez lever 40 minutes à l'abri des courants d'air. Enfournez à four préchauffé à 200 °C, baissez à 180 °C et laissez cuire 20 minutes. Surveillez la cuisson ; ces tresses dorent assez vite !

Variantes

Vous pouvez saupoudrer vos tresses de petits morceaux de sucre (sucre perlé) avant d'enfourner.

Ces tresses ont un goût très doux. Vous pouvez également les parfumer avec de l'eau de fleur d'oranger ou, pour un goût plus inhabituel, de l'eau de rose, et les enrichir d'épices et de fruits secs, de fruits confits, de cardamome, de gingembre, de dattes, etc.

Vous pouvez également réaliser ces tresses sans faire de poolish. Dans ce cas, intégrez directement liquide et farine, et augmentez la quantité de levure. La texture de votre mie sera un peu moins fine.

Petits pains au chocolat briochés

Ces délicieux petits pains au chocolat, à base de pâte briochée et feuilletée, sont assez longs et minutieux à réaliser, mais vos enfants en redemanderont !

Programme 12

Pour une douzaine de pains au chocolat

260 ml de lait
450 g de farine T 45
1 c. c. de levure instantanée
1 c. c. de sel
10 g de beurre
40 g de sucre
1 c. c. de jus de citron

Pour le feuilletage

150 g de beurre

Pour le dorage

1 œuf battu

Réalisation

Une fois le programme achevé, sortez le pâton et placez-le 30 minutes au réfrigérateur, dans un saladier (le pâton se travaillera plus aisément ensuite). Sortez le pâton du réfrigérateur, étalez-le au rouleau à pâtisserie en forme de rectangle, mettez le beurre en pommade au milieu et repliez en trois. Remettez au réfrigérateur 10 minutes. Sortez le pâton, tournez-le d'un quart de tour puis, avec le rouleau à patisserie, étirez-le afin d'obtenir un rectangle que vous replierez en trois (vous obtiendrez un carré). Remettez au réfrigérateur pendant 10 minutes. Sortez le pâton et reprenez la manœuvre précédente. Au bout de trois tours (avec toujours 10 minutes d'attente au frigidaire entre chaque tour), votre feuilletage est achevé. Coupez le pâton en bandes que vous roulerez sans serrer sur des petites barrettes de chocolat (ou du chocolat en pépites). Laissez lever 1 heure, à température ambiante, à l'abri des courants d'air. Dorez le dessus de vos pains au chocolat avec un œuf battu. Enfournez à four préchauffé à 220 °C et laissez cuire 20 minutes. Surveillez bien votre cuisson. Laissez refroidir sur une grille.

Variante

Pour la confection des croissants : coupez la pâte en triangle, et roulez-la en commençant par le grand côté, puis tordez la pâte pour lui donner une forme de croissant.

Cramique

La pâte est laissée à reposer toute une nuit au réfrigérateur. Cela donne à cette brioche bien connue du nord de la France une texture unique, légère et aérée.

Programme 12

Pour un cramique de 8 parts

130 ml de lait
350 g de farine
1 œuf battu en omelette
10 g de levure fraîche
0,5 c. c. de sel
70 g de beurre
60 g de sucre + 1 sachet de sucre vanillé
100 g de raisins secs

Réalisation

Ajoutez le beurre légèrement fondu en cours de pétrissage. Ajoutez les raisins en fin de pétrissage, au « bip » machine. Une fois le programme terminé, sortez le pâton, pétrissez-le quelques minutes en farinant bien vos mains et laissez reposer dans un saladier au réfrigérateur toute une nuit. Le lendemain, sortez le pâton et façonnez 8 boules que vous mettrez les unes à côté des autres dans un moule à cake, bien serrées. Laissez lever 1 heure à température ambiante et à l'abri des courants d'air. Dorez le dessus à l'œuf. Enfournez dans un four préchauffé à 180 °C et laissez cuire 30 minutes. Surveillez la cuisson. Sortez, démoulez et laissez refroidir sur une grille.

Astuce

Si vous avez l'impression que vos brioches brûlent en dessous, rajoutez la lèchefrite froide sous votre plaque à mi-cuisson. Elle isolera un peu votre brioche de la chaleur.

Variante

Vous pouvez parfumer votre cramique avec de l'eau de fleur d'oranger ou du rhum.

Stollen

En provenance d'Allemagne, et traditionnellement servie à Noël, cette brioche gorgée de fruits secs et confits peut se conserver plusieurs semaines... s'il n'y a pas de gourmands trop près !

Programme 12

Pour un stollen

100 ml de lait
380 g de farine
1 œuf battu en omelette
1 c. c. levure instantanée
0,5 c. c. de sel
100 g de beurre
70 g de sucre
1 sachet de sucre vanillé
100 g de raisins secs (de Smyrne et de Corinthe)
50 g d'amandes
25 g de noix
20 g d'abricots secs
25 g d'orange confite
25 g de citron confit
20 g de beurre fondu
sucre glace

Réalisation

Vérifiez votre pâton il ne doit pas être trop mou. Ajoutez fruits secs et raisins (macérés dans un mélange de rhum et d'eau tiède) en fin de pétrissage, au « bip » machine. À la fin du programme, sortez le pâton et façonnez un pain long. Laissez lever 1 heure à l'abri des courants d'air dans un banneton ou sur une plaque.

Enfournez tel quel dans un four préchauffé à 180 °C et laissez cuire 40 minutes. À la sortie, badigeonnez de 20 g de beurre fondu sur lequel vous saupoudrerez aussitôt du sucre glace en couche épaisse.

Astuce

Pour rehausser encore le goût, vous pouvez rajouter du sucre vanillé, et de la poudre d'écorces d'orange ou de citron (vendue en magasin de produits biologiques).

Brioche au pavot

Une brioche qui nous vient des pays de l'Est. Farcie d'une pâte au pavot et aux amandes, elle ne dévoile ses trésors qu'une fois coupée.

Programme 12

Pour une brioche pour 6 personnes

120 ml de lait
350 g de farine T 45
1 œuf battu en omelette
0,5 c. c. de levure
1 c. c. de sel
50 g de beurre
25 g de sucre

Pour la garniture

80 g de graines de pavot
50 g d'amandes en poudre
60 g de raisins secs
50 g de sucre
1 c. s. de miel
50 g de beurre
20 g d'écorces d'orange et de citron confites
Le zeste d'une orange
1 pincée de cannelle

Réalisation

Pendant que le programme se déroule, ébouillantez les graines de pavot dans une casserole, puis filtrez et enlevez l'eau. Remettez les graines dans la casserole, ajoutez le beurre et le reste des ingrédients, laissez cuire quelques minutes, puis laissez refroidir. Une fois le programme achevé, sortez le pâton et étalez-le en forme de rectangle. Recouvrez-le de la farce au pavot et roulez-le. Laissez lever 30 minutes à l'abri des courants d'air dans un banneton (ou un moule à cake, chemisé d'un torchon fariné). Enfournez dans un four préchauffé à 180 °C et laissez cuire 30 minutes. Sortez la brioche et laissez-la refroidir sur une grille. Préparez un glaçage en mélangeant 3 c. s. de sucre glace et un peu d'eau. Badigeonnez la brioche (le mélange blanchit en séchant).

Brioche torsadée à la crème pâtissière

Un peu de minutie vous sera nécessaire pour confectionner cette brioche, aussi belle que bonne.

Programme 12

Pour une brioche pour 4 personnes

30 ml de lait
150 g de farine T 45
1 œuf battu en omelette
0,5 c. c. de sel
1 petite c. c. de levure
60 g de beurre
1 c. s. de sucre

Pour la garniture

100 ml de lait
1 jaune d'œuf
20 g de sucre
10 g de farine
20 g de poudre d'amande
30 g de pépites de chocolat

Réalisation

Pendant que le programme se déroule, préparez la crème pâtissière. Battez le jaune d'œuf et le sucre jusqu'à ce que le mélange blanchisse. Ajoutez la farine et la poudre d'amande. Versez le lait bouillant, remuez et mettez sur feu doux en tournant sans arrêt jusqu'à ce que le mélange épaississe. Laissez refroidir. Une fois le programme terminé, sortez le pâton et étalez-le en forme de rectangle. Recouvrez-le de crème et parsemez de pépites de chocolats. Roulez en boudin. Coupez ce boudin en deux dans le sens de la longueur. Torsadez les deux boudins en veillant à ce que la crème reste toujours vers le haut, puis donnez à cette torsade la forme d'une couronne. Laissez lever 20 minutes à l'abri des courants d'air. Enfournez dans un four préchauffé à 180 °C et laissez cuire 25 minutes. Dès la sortie, badigeonnez de sucre fondu mélangé à un peu d'eau.

Variante

Fourrez cette brioche avec du « lemon curd ».

Brioche roulée aux raisins

Cette brioche roulée est un régal pour les yeux... et les palais gourmands. Sa réalisation requiert néanmoins un peu d'attention.

Programme 12

Pour un moule carré de 25 cm x 25 cm

130 ml de lait
350 g de farine T 45
1 œuf battu en omelette
1 c. c. de levure instantanée
1 petite c. c. de sel
40 g de beurre
30 g de sucre

Pour la garniture

20 g de beurre fondu
20 g de sucre
100 g de raisins secs

Réalisation

Une fois le programme terminé, sortez le pâton et étalez-le en rectangle. Badigeonnez-le de 20 g de beurre fondu et de 20 g de sucre. Recouvrez de 100 g de raisins secs. Roulez en boudin. Coupez en tranches de 3 cm de large. Posez-les dans un moule carré chemisé de papier sulfurisé, fourrage vers le haut. Laissez lever 30 minutes à l'abri des courants d'air. Enfournez dans un four préchauffé à 180 °C et laissez cuire 20 minutes. Couvrez d'une feuille d'aluminium si la brioche dore trop vite. Faites bouillir 1 c. s. de sucre avec 1 c. s. d'eau pendant 2 minutes. Badigeonnez la brioche de ce sirop dès la sortie du four. Démoulez et laissez refroidir sur une grille. Les carrés de brioches se détachent facilement les uns des autres.

Variante

Remplacez les raisins par des pépites de chocolat.

« Gâteau de ménage »

Une spécialité du Haut Doubs, souvenir d'enfance de l'auteur... Il s'agit d'une base de brioche sur laquelle est étalé un mélange de crème fraîche, de fleur d'oranger, d'œuf et de sucre. Personne ne peut y résister ! C'est le gâteau du dimanche et des goûters de fête.

Programme 12

Pour un gâteau pour 6 personnes

30 ml de lait + 1 c. s. de rhum
250 g de farine T 45
1 œuf battu en omelette
1 petite c. c. de levure instantanée
1 petite c. c. de sel
70 g de beurre
1 c. s. de sucre
1 c. c. de jus de citron

Garniture

1 œuf battu
25 ml de crème fraîche
2 c. s. de sucre cristallisé
1 c. s. de fleur d'oranger
20 g de beurre

Réalisation

À la fin du programme, enlevez le pâton. Étalez-le sur un moule à tarte fariné et laissez-le lever 30 minutes à l'abri des courants d'air. Recouvrez la pâte de sucre cristallisé. Battez dans un bol l'œuf avec la crème fraîche et la fleur d'oranger. Nappez-en le gâteau et parsemez de noisettes de beurre. Enfournez dans un four préchauffé à 180 °C et laissez cuire 20 minutes environ. Sortez le gâteau quand il est bien doré. Démoulez et laissez refroidir sur une grille.

Astuce

Si vous avez des difficultés à étendre votre pâte dès sa sortie de la machine, placez-la une dizaine de minutes au réfrigérateur. Vous l'étalerez ensuite sans problème.

Ce « gâteau de ménage » se congèle très bien.

Petites brioches légères au fromage blanc et aux raisins

Des petites brioches très légères pour toutes les faims et toutes les gourmandises...
Cette recette se prête à de nombreuses variantes.

Programme 12

Pour une douzaine de briochettes

80 ml de lait tiède + 1 c. s. d'eau de fleur d'oranger
300 g de farine T 45
50 g de fromage blanc (ou 50 g de yaourt)
2 jaunes d'œufs
1 c. c. de levure instantanée
1 c. c. de sel
20 g de beurre
2 c. s. de sucre + 1 sachet de sucre vanillé
50 g de raisins secs réhydratés dans du thé (ou du rhum)
1 c. c. de jus de citron

Réalisation

Mettez le fromage blanc avec les œufs et le lait dans la machine. Ajoutez les raisins en fin de pétrissage, au « bip » machine. Une fois le programme terminé, sortez le pâton, coupez-en 12 morceaux que vous laisserez lever dans des petits moules pendant 1 heure à l'abri des courants d'air. Enfournez à four préchauffé à 165 °C et laissez cuire 20 minutes environ. Couvrez les brioches avec une feuille d'aluminium si elles dorent trop vite. Démoulez et laissez refroidir sur une grille.

Variantes

Remplacez les raisins par des noix ou des amandes.

Ajoutez des pépites de chocolat lorsque votre pâton est sorti de la machine (afin d'éviter qu'elles ne fondent trop vite).

Cette recette est également parfaite si vous ne façonnez qu'une grosse brioche, que vous laisserez lever et que vous enfournerez dans un moule à cake.

Il existe des moules en silicone, très pratiques, qui permettent de réaliser 6 briochettes par plaque. Inutile de les beurrer.

Fouace

Cette couronne aux fruits confits sera aussi belle à regarder que plaisante à déguster, légèrement tiède.

Programme 12

Pour 1 grosse couronne pour 8 personnes

La veille (ou le matin pour le soir), préparez votre poolish :

150 g de farine T 45 mélangée avec 150 ml de lait
+ 1 pincée de levure instantanée

Le lendemain (ou le soir même), mettez la poolish dans la machine et ajoutez :

2 œufs battus en omelette
2 c. s. d'eau de fleur d'oranger
300 g de farine T 45
1/2 c. c. de levure instantanée
1 c. c. de sel
120 g de beurre
45 g de sucre + 2 sachets de sucre vanillé
1 c. c. de jus de citron

Pour la garniture

50 g d'oranges confites
50 g de citrons confits
(ou 100 g de fruits confits divers)
1 jaune d'œuf
10 g de sucre en grains

Réalisation

Rajoutez un peu de liquide si la pâte est trop sèche. Ajoutez vos fruits confits en fin de pétrissage, au « bip » machine. Le programme terminé, sortez le pâton, façonnez une couronne avec un très gros trou au milieu (il se referme en levant et à la cuisson) et laissez lever à l'abri des courants d'air pendant une bonne heure. Renversez sur une plaque. Dorez au jaune d'œuf mélangé avec un peu d'eau. Saupoudrez de sucre en grains. Enfournez dans un four préchauffé à 200 °C, baissez à 180 °C et laissez cuire 30 minutes environ.

Astuce

Vous pouvez aussi faire lever votre fouace dans un moule à savarin en prenant soin de bien fariner les côtés.

Variantes

Remplacez l'eau de fleur d'oranger par de l'anisette.

Garnissez le dessus de fruits confits (en appuyant bien pour qu'ils adhèrent).

Le dorage peut se réaliser aussi avec du café froid.

Foire aux astuces

Pesée

- Avec une balance électronique, on considère que 100 ml d'eau sont équivalents à 100 g.
- Le poids moyen d'un œuf est de 60 g. Si vos œufs sont plus petits ou plus gros, ajustez les liquides.

Levure, levain et levée

- La levure fraîche s'achète chez le boulanger, par petit cube de 42 g. Elle se conserve quelques semaines au réfrigérateur et peut également se congeler (dans ce cas, sortez-la et laissez-la décongeler au moins 1 heure avant de vous en servir).
- Certaines levures ont un goût particulier. Essayez-en plusieurs avant de trouver celle qui vous convient ! Mais sachez qu'une cuillerée à café de jus de citron en neutralise le goût.
- On pourrait penser que plus on met de levure (ou de levain déshydraté), plus le pain va gonfler. C'est faux ! Trop de levure et votre pain va bien gonfler à la levée puis irrémédiablement s'effondrer lors de la cuisson. Si votre pain, une fois cuit, est creusé sur le dessus, c'est probablement dû à un excès de levure.
- La levure ne doit jamais toucher le sel. Placez dans la cuve les liquides, la moitié de la farine, le beurre (ou l'huile) et le sel, puis l'autre moitié de farine, et enfin la levure. Autre méthode : sel dans un coin, sucre dans l'autre, matière grasse dans le troisième et levure ou levain au milieu.
- Le temps de levée est approximatif. Tout dépend de la chaleur de la pièce dans laquelle votre pâton lève. Plus longue en hiver, la levée peut se réduire en été. Les conditions atmosphériques jouent aussi (temps plus ou moins humide, ou orageux).
- Une bonne façon de voir si votre pain est prêt à être enfourné : enfoncez doucement un doigt dans le pâton. Si la marque s'efface aussitôt, vous pouvez attendre un peu. Si la marque s'efface lentement, le pain est prêt à être enfourné. Si la marque ne s'efface pas, faites vite, il a déjà trop levé !

Ingrédients

- Tous les ingrédients doivent être à la même température. N'hésitez pas à passer vos liquides quelques secondes au micro-ondes pour les tiédir légèrement (notamment s'ils sortent du réfrigérateur).

Fonctionnement de la machine à pain

- N'hésitez pas à « nettoyer » les bords de votre cuve avec une spatule en plastique souple en cours de pétrissage, afin que toute la farine soit bien intégrée au pâton.
- Pour des raisons de sécurité, ne préparez des pains en différé qu'avec des recettes que vous avez l'habitude de faire (afin d'éviter tout risque de débordements). Ne laissez jamais vos machines sans surveillance.

Cuisson au four

- Pour savoir si un pain est cuit lorsque vous le sortez du four, frappez-le dessous avec les doigts. Il doit « sonner » creux.

Conservation du pain

- Les machines sont prévues pour « garder votre pain au chaud » une heure après la fin de la cuisson. Mais il vaut mieux sortir le pain dès la fin du programme si vous voulez éviter qu'il ramollisse.
- Ne coupez jamais vos pains à la sortie de la machine. Le couteau collerait à la mie. Attendez qu'ils refroidissent sur une grille.
- Le pain se conserve très bien dans un torchon. Les meilleurs sont en lin et coton ; ils laissent passer l'humidité et empêchent le pain de trop sécher. Mais attention : ne les lavez qu'à l'eau claire, sans savon, si vous ne voulez pas que vos pains sentent... le savon !
- N'hésitez pas à congeler vos pains coupés en tranches, lorsqu'ils sont encore frais. Ils n'ont pas besoin d'être décongelés. Passez-les simplement au grille-pain, et vous aurez tous les matins pains et brioches comme s'ils sortaient du four !
- Les brioches et les pains qui contiennent beaucoup d'œufs sont plus fragiles et doivent être consommés plus rapidement.
- Ne jetez pas vos morceaux de pains rassis ! Passez-les au mixer. Vous obtiendrez alors de la chapelure, que vous pourrez conserver dans une boîte hermétique.

Nutrition

- Nous consommons du pain de plus en plus salé... Essayez de réduire petit à petit le sel de vos pains, mais ne le supprimez pas. Le sel est essentiel à la maturation de votre pâton (il l'empêche de trop gonfler).
- Matière grasse et sucre ne sont pas obligatoires, mais donnent une jolie croûte dorée au pain. Vous pouvez remplacer le beurre par de l'huile d'olive, par exemple. Vous pouvez aussi les supprimer de toutes vos recettes.
- Pour qu'un pain soit digeste, il faut attendre quelques heures avant de le manger.

Pain

anis

Table des recettes

Les pains traditionnels

Les pains « énergie »

Les pains à découvrir

Les brioches et pains briochés

Les pains cuits au four